経営者・経営幹部・
法務担当者のための

新債権法読本

鳥飼総合法律事務所
弁護士 鳥飼重和
弁護士 中村隆夫

清文社

は　じ　め　に

　ここ数年に渡り、「法律ビッグバン」と呼ぶに相応しい革新的な法律の制定・大改正が続いています。会社法や金融商品取引法の制定がその典型例です。その法律ビッグバンの中でも、企業経営に最大級の影響を与えるのが民法典の中核部分ともいえる民法（債権法）の大改正です。今、その大改正に向けた流れが大きく動き始めています。

　すなわち、法務省は、平成18年に債権法を中心とした民法典の抜本改正の検討に着手し始めていましたが、平成21年10月には法務大臣が法制審議会に対して、つぎのような方針を示して、債権法の改正を正式に諮問しました。

> 「民事基本法典である民法のうち債権関係の規定について、同法制定以来の社会・経済の変化への対応を図り、国民一般に分かりやすいものとする等の観点から、国民の日常生活や経済活動にかかわりの深い契約に関する規定を中心に見直しを行う必要があると思われるので、その要綱を示されたい。」

　これを受けて法制審議会には「民法（債権関係）部会」という債権法改正に関する専門の部会が設置され、平成21年11月の第1回会合以来平成22年6月までに既に10回の会合が持たれ、活発な議論が展開されているところです（法務省のホームページ〈http://www.moj.go.jp/shingi1/shingikai_saiken.html〉に議事録などが公開されています）。

　今回、この民法（債権関係）部会において見直しの対象となっているのは、民法のうち「債権関係の規定」とされており、現行民法典の中の第3編債権に配置されている規定のみならず、第1編総則に配置されている規定であっても、法律行為や消滅時効など、債権の発生や消滅などにかかわる規定

も含まれています。また他方で、「契約に関する規定」を中心に見直しを行うこととされています。世の中に「債権法」という名称の法律が存在するわけではありませんが、本書では、以上のような今回の見直しの対象をまとめて"債権法"と呼ぶことにし、改正後に新しく制定されるであろう法律を「新債権法」と呼ぶこととします。

　企業は、契約あるいは債権債務関係の束であるというようなことがよくいわれます。債権法は企業のあらゆる経済活動を支える根本的なインフラになっているといってもよいでしょう。そのような債権法の内容について、民法典制定以来1世紀以上ぶりの大改正が行われるということですから、経営者、経営幹部、企業の法務担当者としては、その改正の動向をしっかりと見極めていく必要があると思われます。

　債権法の改正については、まだ法制審議会の専門部会における本格的な議論が緒に就いたばかりであり、具体的な法律案の作成にも至っていない段階ではあります。しかしながら、この専門部会の委員ともかなり重なっている有力な学者達が立ち上げた「民法（債権法）改正検討委員会」（以下「検討委員会」といいます）が、平成21年3月に「債権法改正の基本方針」（『別冊NBL』No.126、以下、「基本方針」と表記します）を取りまとめて公表しています。この基本方針はあくまでも私的な研究グループの研究成果に過ぎない位置付けではありますが、今般の債権法改正の方向性を考えるに当たって極めて参考になる材料であると思われます。少なくとも、現在の民法学会において債権法を改正するに当たって留意すべきとされるような問題点などは、この検討委員会においてくまなく取り上げられたと考えてよいようですので、この基本方針の中で提示されている提案を見ていけば、これから現行債権法のうちのどのような部分がどのような問題意識で見直しの俎上に載せられるのかということは十分に把握できるものと思われます。

　そこで、本書では、まず第1編において、債権法改正が経営や企業法務にどのような影響を与えるのかについて概観した上で、第2編から第4編にか

けて、基本方針の主要なポイントについて、どのような問題意識に基づいてどのような提案がなされているのか、さらにはそのような提案を受けて企業の法務担当者が今からどのような準備を進めておくべきであるのかなどについて解説をしていきたいと思います。この第2編から第4編においては、必要に応じて基本方針の中の具体的な提案を引用して紹介し、基本方針そのものが手元になくても基本方針が提案する債権法改正の考え方を十分理解できるように解説を進めていきます。ただ、基本方針の背景にある考え方などをより詳細に検討したいという方は、基本方針の中に書かれた解説や、さらには検討委員会のメンバーが基本方針をより詳細に解説している『詳解 債権法改正の基本方針』(民法(債権法)検討委員会編、Ⅰ～Ⅴ巻、商事法務)を参考にして頂ければと思います。

＊　　　　　　　　　＊

　債権法が実際に改正され新債権法が施行されるまでにはまだ数年の期間があるものと思われます。しかしながら、これまでの判例の流れや学説の展開などを取り込み、現代の社会・経済の変化に対応すべく綿密に検討された基本方針の考え方を今から把握しておくことは、これからの企業経営にとって必ずやプラスになる部分が多いものと思います。

　本書が、企業経営や企業法務に携わる多くの読者の皆様に、何らかの形でお役に立てれば幸いです。

　最後に、本書の企画・編集に当たり、多大なご尽力を頂いた清文社の東海林良氏及び大久保彩音氏に、本書の校正につき、協力を頂いた当事務所パラリーガルの鈴木淳代さんに、心から感謝いたします。

　平成22年6月吉日

弁護士　鳥飼　重和
弁護士　中村　隆夫

目次

はじめに

第1編　経営と企業法務に大きな影響を与える債権法改正

第1章　経営及び企業実務の常識を変える最近の立法・行政・司法の大変化 …… 4
（1）従来の法秩序の構造と今後の法秩序の構造　6

第2章　債権法の改正が裁判に与える影響 …………………………………………… 9
（1）抽象的人間像から具体的・類型的人間像になることによる影響　9
（2）裁判官心理への影響　11
（3）過払い金返還訴訟のような大量訴訟の可能性　12
（4）消費者等の国民が提訴する可能性の増加　12

第3章　経営者・経営幹部・法務担当者の意識改革の必要性 ………………… 15

第2編　契約関係の成立と終了

第1章　法律行為の現代化 ………………………………………………………………… 23

第1節　公序良俗　23
（1）「公序または良俗」　23
（2）暴利行為準則の明文化　23
（3）新しい暴利行為準則　24
（4）法務担当者として留意すべきこと　25

第2節　不実表示　25
（1）提案内容の検討　25
（2）事業者として注意すべきことは　27

第3節　断定的判断の提供・困惑　28
　　（1）提案内容の検討　28
　　（2）どう対応する？　30

第2章｜契約の成立過程 …………………………………………………… 32

第1節　契約の成立に係る基本ルール　32
　　（1）契約を成立させる合意とは　32
　　（2）予防法務の充実を　33

第2節　申込みと承諾　34
　　（1）承諾＝到達主義の採用　34
　　（2）期間の定めのない申込みの撤回と失効　35
　　（3）対話者間における申込みの撤回と失効　35
　　（4）事業者による不特定の者に対する契約内容の提示　36
　　（5）申込みに変更を加えて承諾したら？　36
　　（6）契約成立プロセスの見直しを　37

第3節　契約の原始的不能　38
　　（1）契約は有効？　無効？　38
　　（2）油断は禁物　38

第4節　契約交渉過程の信義則　39
　　（1）契約交渉の不当破棄　39
　　（2）交渉当事者の情報提供義務・説明義務　39
　　（3）交渉補助者等の行為と交渉当事者の賠償責任　40
　　（4）実務への影響は？　40

第3章｜約款と不当条項 ……………………………………………………… 42

第1節　約款　42
　　（1）提案内容の特徴　42
　　（2）約款契約の今後　46

第2節　不当条項　48
　　（1）提案内容の特徴　48
　　（2）今後の対応　55

第3節　法定利息　56
　　　　（1）変動金利制の採用　56
　　　　（2）不明な点が多い？　56

第4章｜**債務不履行による損害賠償** ……………………………………… 57
　　　第1節　過失責任主義の否定　57
　　　　（1）過失責任、危険負担、原始的不能　57
　　　　（2）具体的にどうなるのか　58
　　　　（3）不可抗力の抗弁はなくなるのか　58
　　　　（4）手段債務と結果債務　59
　　　　（5）今後　60
　　　第2節　損害賠償の範囲　61
　　　　（1）従来の議論　61
　　　　（2）基本方針でどう変わるか　61
　　　　（3）填補賠償の考え方　63

第5章｜**解除と危険負担** ……………………………………………………… 65
　　　第1節　解除の要件　65
　　　　（1）契約の重大な不履行を中心概念とする改正　65
　　　　（2）提案内容の意図と予想される実務への影響　69
　　　　（3）法務担当者として意識・準備しておくべきこと　70
　　　第2節　解除の障害要件　70
　　　　（1）新たに整理された解除障害要件　70
　　　　（2）提案内容の意図と予想される実務への影響　71
　　　　（3）法務担当者として意識・準備しておくべきこと　71
　　　第3節　解除権の行使、不可分性、複数契約の解除　72
　　　　（1）複数契約の解除という新たな規定　72
　　　　（2）提案内容の意図と予想される実務への影響　72
　　　　（3）法務担当者として意識・準備しておくべきこと　73
　　　第4節　解除の効果　73
　　　　（1）基本原則の確認としての明文化　73

（2）提案内容の意図と予想される実務への影響　75

　　　（3）法務担当者として意識・準備しておくべきこと　75

　　第5節　解除の消滅・行使期間　75

　　　（1）解除の行使期間の短縮　75

　　　（2）提案内容の意図と予想される実務への影響　76

　　　（3）法務担当者として意識・準備しておくべきこと　77

　　第6節　危険負担制度の廃止　78

　　　（1）体系上の整理から消えゆく危険負担　78

　　　（2）提案内容の意図と予想される実務への影響　79

　　　（3）法務担当者として意識・準備しておくべきこと　80

第6章｜契約の清算他（無効・取消・債権・事情変更・受領遅滞・同時履行の抗弁権・不安の抗弁権・追完・代償請求権） ……………………………… 82

　　第1節　無効一般について　82

　　　（1）一般市民でも容易に理解できる無効を目指して　82

　　　（2）提案内容の意図と予想される実務への影響　86

　　　（3）法務担当者として意識・準備しておくべきこと　87

　　第2節　取消一般について　87

　　　（1）分かりやすく整備された取消制度　87

　　　（2）提案内容の意図と予想される実務への影響　89

　　　（3）法務担当者として意識・準備しておくべきこと　90

　　第3節　債権の効力について　90

　　　（1）当たり前のことを明文化してより分かりやすく　90

　　　（2）提案内容の意図と予想される実務への影響　91

　　　（3）法務担当者として意識・準備しておくべきこと　91

　　第4節　事情変更の原則　91

　　　（1）明文化された事情変更の原則　91

　　　（2）提案内容の意図と予想される実務への影響　94

　　　（3）法務担当者として意識・準備しておくべきこと　95

　　第5節　受領遅滞　95

（1）内容が明確になった受領遅滞　95
　　　（2）提案内容の意図と予想される実務への影響　96
　　　（3）法務担当者として意識・準備しておくべきこと　96
　　第6節　同時履行の抗弁権と不安の抗弁権　97
　　　（1）不安の抗弁権が明文化　97
　　　（2）提案内容の意図と予想される実務への影響　98
　　　（3）法務担当者として意識・準備しておくべきこと　98
　　第7節　追完　99
　　　（1）不完全履行解消のための追完へ　99
　　　（2）提案内容の意図と予想される実務への影響　102
　　　（3）法務担当者として意識・準備しておくべきこと　102
　　第8節　履行不能と代償請求権　102
　　　（1）当たり前のことも明文化　102
　　　（2）提案内容の意図と予想される実務への影響　103
　　　（3）法務担当者として意識・準備しておくべきこと　103

第3編　債権の回収等

第1章　責任財産の保全—債権者代位権と詐害行為取消権 …………… 107
　　第1節　責任財産の保全とは　107
　　第2節　債権者代位権　108
　　　（1）債権者代位権とは　108
　　　（2）債権者代位権に関する提案内容　108
　　第3節　詐害行為取消権　110
　　　（1）詐害行為取消権とは　110
　　　（2）詐害行為取消権の提案内容　111
　　第4節　法務担当者として意識・準備しておくべきこと　114
第2章　弁済に関する規律 ……………………………………………… 116
　　第1節　弁済とは　116

（1）まずは当たり前のことを明示しつつ　116
　　　（2）債権債務の内容の具体的な明示努力が必要に　117
　　第2節　第三者弁済と弁済による代位　119
　　　（1）スッキリとした整理を目指す基本方針の提案内容　119
　　　（2）基本方針提案の実務への影響と示唆　122
　　第3節　債権者以外の者に対する履行　123
　　　（1）善意無過失から正当な理由に基づく善意へ　123
　　　（2）基本方針提案の実務への影響と示唆　126

第3章│相殺···129
　　第1節　相殺に関する提案の概要　129
　　第2節　相殺の要件と効果に関する変更点　130
　　　（1）相殺の要件に関する変更点　130
　　　（2）相殺の要件の変更の背景と実務への影響等　131
　　　（3）相殺の効果に関する変更点　132
　　　（4）相殺の効果の変更の背景と実務への影響等　133
　　第3節　相殺が制限される場合に関する変更点　134
　　　（1）相殺と差押えの問題点1—いわゆる制限説と無制限説　134
　　　（2）相殺と差押えの問題点2—いわゆる相殺予約の効力について　137
　　　（3）相殺権の濫用の制限について　144
　　　（4）自働債権の消滅時効による制限について　145
　　第4節　相殺を拡張的に利用できることとする変更点　147
　　　（1）第三者による相殺に関する現在の規律と提案内容　147
　　　（2）基本方針提案の実務への影響　149
　　第5節　一人計算という新たな提案　151
　　　（1）セントラル・カウンター・パーティーとは何か　151
　　　（2）基本方針提案の内容　155

第4章│債権時効···158
　　第1節　債権時効とは　158
　　　（1）現在の時効制度の問題点　158

（2）現在の問題点の解決方法　159

　　　（3）要するに何が変わるのか　160

　　　（4）時効障害　162

第5章｜**債権譲渡** ……………………………………………………………………… 167

　　第1節　債権譲渡をめぐる議論　167

　　　（1）将来債権の譲渡の明確化　167

　　　（2）債権譲渡禁止特約の扱いが明確化　168

　　　（3）債権譲渡の対抗要件が変わる！　171

　　　（4）異議なき承諾はどうなるの？　174

　　第2節　債務引受　175

　　第3節　契約上の地位の移転　176

第6章｜**保証** ……………………………………………………………………………… 177

　　第1節　保証とは　177

　　　（1）保証の定義が拡大─保証引受契約による成立　177

　　　（2）併存的債務引き受けとの関係　178

　　　（3）実務への影響　178

　　第2節　保証契約・保証引受契約の締結　179

　　　（1）保証契約・保証引受契約の方式　179

　　　（2）保証契約・保証引受契約締結の際の努力義務　179

　　　（3）実務への影響　179

　　第3節　催告の抗弁の削除　180

　　　（1）催告の抗弁とは　180

　　　（2）実務への影響　180

　　第4節　主債務者の債権者に対する抗弁と保証　180

　　　（1）判例により形成されたルール・通説の明文化　180

　　　（2）実務への影響　181

　　第5節　保証連帯の原則　182

　　　（1）複数人の保証人は連帯する　182

　　　（2）実務への影響　182

第 6 節　事前求償権の廃止と適時執行義務　183
　（ 1 ）求償とは　183
　（ 2 ）適時執行義務　183
　（ 3 ）適時執行義務と関係する事前求償権　183
　（ 4 ）その他の事前求償権　184
　（ 5 ）実務への影響　184
第 7 節　連帯保証に関する規律　185
　（ 1 ）商取引と連帯保証　185
　（ 2 ）保証人について生じた事由と主債務者への影響　185
　（ 3 ）実務への影響　186
第 8 節　根保証に関する規律　186
　（ 1 ）極度額の範囲拡大　186
　（ 2 ）実務への影響　187

第 4 編　各種の契約

第 1 章　典型契約―民法が用意する契約類型　191
第 1 節　典型契約と非典型契約　191
　（ 1 ）任意規定と強行規定　191
　（ 2 ）デフォルト・ルール　192
第 2 節　実務担当者にとって大切なこと　193
第 3 節　典型契約の配列　194
第 4 節　典型契約の定め方の変更点　195
第 5 節　新しい典型契約　196

第 2 章　売買契約　197
第 1 節　有償契約の基本形―売買　197
第 2 節　瑕疵担保責任　197
　（ 1 ）瑕疵担保責任とは　197
　（ 2 ） 2 つの考え方―法定責任説と債務不履行説　198

（3）基本方針は債務不履行説を採用　200
　　　（4）救済手段の多様化と整理　201
　　　（5）通知義務　205
　　　（6）瑕疵担保責任のその他の変更点　207
　　　（7）予想される実務への影響　209
　第3章│**役務提供契約** ……………………………………………………………… 211
　　第1節　サービス契約の重要性　211
　　第2節　基本方針の整理　212
　　第3節　役務提供契約の重要ポイント　213
　　　（1）ビジネスの場面では有償が原則に　213
　　　（2）報酬の支払方式　214
　　　（3）途中終了や提供不能の場合　215
　　　（4）解除の場合の規律　216
　　第4節　役務提供契約の実務上の重要ポイント　217
　　第5節　請負その他の役務提供契約　218
　第4章│**ファイナンス・リース契約** ………………………………………………… 220
　第5章│**消費貸借契約─抗弁の接続** …………………………………………… 223

索引 ………………………………………………………………………………… 225

第1編

経営と企業法務に大きな影響を与える債権法改正

最近の立法・行政・司法の変貌ぶりには目を見張るものがあります。幕末から明治維新にかけての国家社会秩序の大変化に匹敵するようなことが起こっているかのようにも見えます。今話題となっている債権法の改正も、その大変化の流れの中で捉える必要があるといえます。そうでないと、債権法の改正の真の意味が分からなくなるからです。

　そこで、この編では、次のような順序で、債権法の改正が経営と企業法務に大きな影響を与える可能性があることを示しつつ、経営者・経営幹部・法務担当者が、この改正に適応するためにどのような意識改革が必要であるかについて述べることにします。

(i) まず、最近の立法・行政・司法における大変化について述べます。

(ii) 次に、債権法の改正が将来の裁判に与える影響について述べます。

(iii) さらに、経営者・経営幹部・法務担当者に対して、債権法の改正の影響に適応するための意識改革が必要だということ、つまり、この新しい変化に対してするべき準備について述べることにします。

第1章 経営及び企業実務の常識を変える最近の立法・行政・司法の大変化

　100年に一度の経済危機と呼ばれる状態から脱することができない現在、経営者は、ダーウィンが言ったとされる「生物が生き続けるために必要な条件」を、次のような「会社が存続するために必要な条件」に置き換えてみて噛みしめる必要があります。

　生き物である会社が存続し続けるには、最も強くあることが必要なのではなく、また最も賢いことが必要なのでもありません。"最も変化に適応すること"が必要なのです。

　最近の機関投資家は、会社が存続し続けること、つまり、維持継続性（サステナビリティ）に大いに注目をしています。この維持継続性こそ、ダーウィンが言う「最も変化に適応すること」、つまり、変化への適応力のことなのです。最近、好業績を公表したばかりの上場企業がその後まもなく破綻した事例がありますし、さらに、伝統のある著名な大企業がもろくも破綻することが目立つようになっています。そのため、機関投資家は会社の維持継続性を重視し、業績・財務という目に見えるものだけではなく、会社の維持継続性を確保する仕組みという目に見えないガバナンス体制に大きく注目するようになっているのです。

　この維持継続性を確保する仕組みとは、会社の存続の基盤である"社会の変化に最も適応する仕組みであるガバナンス体制"のことに他なりません。その点についての透明性の観点から、情報開示を拡大する規律の強化が図られる傾向にあります。証券取引所による独立役員の開示要求や、企業内容の

開示に関する内閣府令の改正等がその典型例です。最近の多数の上場企業の破綻事例を見れば、投資家が維持継続性に大いに注目することはまっとうなことですから、経営者は、このような外部環境の変化に最も適応する必要があります。

さらに、株主の利益を重視する立場から、会社の本質を、会社と会社の利害関係者との間で結ばれる「契約の束」と捉える立場があります。その立場が正しいかどうかは別として、確かに、会社はそれを取り巻く取引先、金融機関、従業員、株主等との膨大な数の契約で成り立っているのです。そのため、会社の外部環境の変化の影響でこの契約関係に大きな変化が生じれば、経営者は、会社の維持継続性を図るために、契約関係における外部環境の変化に最も適応しなければならないことになります。同時に、経営者は、このような外部環境の変化による契約関係の変化に対し、迅速かつ適切に、最も適応できるガバナンスの仕組みを持っているかについても問われることになるのです。

会社の契約関係に対して大きな影響を与える外部環境の変化が、法律の制定・改正であり、行政の取り扱いの変化であり、裁判所における判決の変化です。すなわち、これらの変化は契約関係に大きな影響を与え、それによって、会社の経営に大きなダメージを与える可能性があるからです。

この点に関して、契約関係の現代化を図る意図の下で改正されようとしている民法における債権法の改正は、110年以上前に制定された法律を大きく変えるものなのです。しかも、民法は私法の基本となる法律ですし、同時に、法律家が法的思考を習得する際の原点となる法律でもあります。分かりやすい言い方をすれば、裁判は、民法の発想法である「民法の頭」で行うものなのです。

そのため、民法における債権法の改正は、裁判における裁判官心理を大きく変えるという意味で、契約関係に大きな影響を与える可能性があるのです。このような裁判官の心理の大きな変化は、契約関係に関するものだけに

とどまらず、私法秩序の捉え方に大きな変化を生み出し、さらには、私法秩序と公法秩序との関係や公法秩序の捉え方にも大きな変化を生み出す可能性があります。すなわち、民法における債権法の改正は、裁判官が(ⅰ)私法秩序、(ⅱ)私法秩序と公法秩序の関係、(ⅲ)公法秩序をどう捉えるかに大きな影響を与え、その結果、従来の裁判例と異なる判断が下される可能性を秘めているのです。このことは、民法における債権法の改正が、契約関係における会社のリスクを測り知れないぐらいに大きなものにする可能性があるということを意味しています。そこで、以下に、従来の法秩序の構造と今後の法秩序の構造の違いについて説明します。

（1） 従来の法秩序の構造と今後の法秩序の構造

① 従来の法秩序の構造は、官僚中心・産業重視だった

分かりやすい言い方をすれば、従来の法秩序の実質的決定者は行政官僚でした。立法の実際は、ほとんどが行政官僚の決める内閣提案で成立するものですし、実際上、行政官僚が立法秩序の創造者だったのです。しかも、立法によって成立する法律を実行するための政省令を行政官僚が決定し、その政省令や行政官僚の作る通達によって、実際的な法秩序が創造されることになります。

このように、行政官僚の考える法秩序が実際上の国家社会の法秩序となるのです。この場合、行政官僚が法秩序を創造するのですから、行政官僚の考え方によって憲法の趣旨に反する法律が制定される可能性もあり、また、法律の委任の下に成立するはずの政省令・通達が法律の委任の範囲を超える場合もあり得るのです。その際には、三権分立の建前からすれば、本来は司法である裁判によって立法・行政に対するチェックがあるはずなのですが、従来裁判所は行政官僚が創った国家社会秩序が機能している現実を無視できないため、立法裁量・行政裁量を重視し、行政官僚の創った国家社会秩序を法秩序として容認する傾向があったのです。

従来の行政官僚は、無資源国である日本の国家構造を輸出立国と捉え、輸出を中心とする供給者である産業を重視する政策をとることが日本全体の利益になると考えて、国家社会構造を創ったのです。その反面、需要者である消費者等の国民の保護に、十分な配慮が行き届かなかった点があったのは否定できないことです。このため、従来は、供給者である産業側と需要者である消費者側との関係では、供給者である産業側が有利な地位にあり、産業側はある意味では、契約関係等のガバナンス体制において、緩やかな規律を受けていたといえるのです。分かりやすい言い方をすれば、従来の法秩序は、産業側にとって田園ともいえるのどかな情景であったのです。

② 　法秩序の変化の流れ

　1989年のベルリンの壁の崩壊以降に始まった、世界がグローバル化する時代の流れの中で日本も世界の市場だと認識され始め、日本市場における自由かつ公正な競争の促進と、需要者である消費者等の国民を保護する必要が生じてきました。その流れの中で、独占禁止法の改正や、消費者等を保護する消費者契約法、金融商品取引法等が制定されるようになってきました。

　この自由かつ公正な競争の確保や消費者等の保護のためには、法律の実効性を確保する必要があり、行政官僚も、自らが法秩序の創造者ではなく、法秩序の実効性を確保するための事後監督者だと認めることになったのです。これが行政改革の方向性を示すものです。そのため、金融庁がコンプライアンス官庁といわれるように、行政官僚は法律を遵守する必要に迫られたのです。

　最近では、裁判所も司法改革を志向し、国民の権利を保障する憲法を頂点とする法秩序の実効性を確立するという法の支配の実現が、裁判所の本来の役割であることを強く意識し始めました。一方では経済社会の実態を重視しつつも、他方では法の支配を貫徹するために、従来の、実質的には行政官僚の創った法律や政省令・通達等や、供給者優位の経済社会の実務慣行を否定するようになったのです。

③　今後の法秩序の構造は、消費者等国民重視の構造となる

　以上の①から②へという法秩序の変化の流れを示すと、次のようになります。

> （従来）官僚中心の産業重視　→　（今後）法律中心の国民（消費者等）重視

　ただ、会社の役割が決定的な意味を持つ現代社会において、消費者等の国民ばかり重視し、企業を中心とする産業の保護を無視することはできないのです。その意味では、日本全体の発展のためには、消費者等の国民の保護を優先しつつも、同時に、産業の保護にも配慮するバランスの取れた法秩序を創り上げていくことが必要となります。そのためには、法秩序を基礎づける法体系の中核となる民法、特に、現実の社会を動かす企業や消費者等の取引活動の中心となる契約法を含む、債権法の見直しが必要となるのです。

　つまり、110年以上前に制定された民法の中の契約法を中心に債権法の部分を取り出し、未来を志向する時代の流れの中で、現代に適応するような法体系にするための作業が、債権法の改正に他ならないのです。そのためこの改正は、現代の状況を反映すると同時に、会社が多くの自由な契約の束によって取り囲まれていることからすれば、主に裁判を通して、今後の会社経営に大きな影響を持つことになる可能性が高いことになります。その意味では、まだ債権法が改正されていない今の段階においても、将来に備えて、債権法の改正の動向について、経営者・経営幹部・法務担当者はある程度の理解をしておく必要があるのです。

第2章 債権法の改正が裁判に与える影響

　本書執筆に至るまでの民法改正議論の経過を見ていると、この債権法の改正が、実際の裁判に大きな影響を与えることになる可能性は極めて高いと言えます。そこで、ここでは、債権法の改正が実際の裁判に与える影響を中心に説明することにします。

　法の支配の下では、司法に属する裁判官によって下される裁判、特に、最高裁判所の判決が生きた法律として何が法秩序なのかを示すものとなり、実際の経済社会に決定的な影響を与えます。また、裁判官によって下される裁判は、裁判官の心理によってなされるものです。つまり究極的な言い方をすれば、憲法・法律を背景に、裁判官の心理が経済社会に決定的な影響を与える司法の時代が到来したとも言えるのです。

（１）　抽象的人間像から具体的・類型的人間像になることによる影響

　現在の民法は、抽象的な人間を想定し、私法関係を平等な人と人との関係として規定しています。この考え方を素直に当てはめれば、極端な言い方になりますが、圧倒的な力のある大企業とほとんど力のない消費者との関係は、平等な関係と捉えることになります。しかしながら、実質的に力の差がある現実を無視して裁判をすれば社会的な正義に反するので、実際の裁判では裁判官はその解釈を通して、実質的公平に従った判断を示すことになります。その意味では、民法は社会の常識を裏付けに、時代の流れの中で裁判所によって修正されてきたのです。

さらに、ある類型化した関係において、民法における平等な関係で規律することが相当でない場合には、労働法、借地借家法等の特別法で弱者保護を図るように規律されることになっています。ここでは、"特別法は一般法に優先する"原則によって特別法が適用されて、当該類型における実質的公平な関係が創られるようになるのです。

　以上のように、従来の抽象的人間像を前提とする民法のままでも、裁判所による解釈や特別法によって、その時々の社会の実情に応じた関係が作られるのです。ところが、抽象的な人間像は、現代の様々な状況に置かれている生きた人間の間における関係を規律するには適合しなくなっています。例えば、抽象的な人間像よりも、消費者という類型の人間像を前提とする方が、消費者と供給者との関係において、消費者の保護のあり方を具体的かつ適切に規律できるからです。特に、現代社会において、消費者は社会における契約関係の主要な存在ですので、その存在を抜きにして私法の一般的ルールを定めることは適切とは言えないことから、民法には、消費者等の類型的・具体的人間像を規定することが必要なのです。

　そういう意味で、債権法の改正に大きな影響を与えると考えられている「債権法改正の基本方針」（民法（債権法）改正検討委員会編『別冊NBL』No.126、商事法務、2009、以下、本書では「基本方針」と表記）では、民法の中に、類型的・具体的な消費者、事業者等を規定する考え方を示していますが、その方向性は理解できるところです。このように、例えば消費者という類型的・具体的人間像を取り出して民法における債権法の改正をすれば、消費者契約法という特別法に規定されているときの消費者の保護よりも、消費者の保護の範囲が拡大する可能性が十分考えられます。

　その結果、私法的関係である契約関係において、消費者の保護が向上することになるのは想像に難くないのです。その反面、消費者と契約関係に立つ会社は、従来以上に消費者保護を念頭に置いた契約を考えないと、裁判で痛い敗北を喫する可能性があります。わが社・わが業界の利益を重視し過ぎる

ようなことのないように、消費者との契約関係におけるガバナンス体制の整備・運用が必要となるのです。

以上のように、将来的に見れば、民法における人間像如何は、会社の契約関係及び契約関係に関するガバナンス体制の整備・運用に、大きな影響を与える可能性があるのです。

（２） 裁判官心理への影響

法曹であれば皆同じですが、法律的思考は、全法体系の中核である民法の学習を通して習得するものです。裁判官も法曹の一員として、民法を通じて法律的思考を習得し、同時に、私法の基本法である民法によって私法秩序全体を理解します。

基本方針では、消費者を保護する消費者契約法の考え方を民法に取り込むようになっています。それにより、裁判官が民法を学習することによって、必然的に、その思考回路の中に消費者の保護が重要であるという考え方が創られるようになると思われます。この消費者の保護が重要であるという考え方は、実際の訴訟において、裁判官の心理を消費者の保護を図る方向に動かすこともあるので、裁判官がその方向で事案の分析をし、契約の解釈をする可能性は否定できないのです。

裁判所は、消費者契約法の制定後は、消費者の保護を図るため、従来の社会の慣行を契約の面で否定した多数の裁判例を出しました。例えば、入学を辞退した場合の支払い済みの授業料の返還を認めた判例、十分な説明のないまま締結した更新料を払う旨の特約条項を否定した判例などが典型的な例です。このような消費者の保護を認める判例は、裁判官心理として、消費者契約法による明文上の根拠を得ることにより、消費者保護のための判決を出しやすくなった状況から生み出されたものと考えられます。まして民法という私法における基本法の中で消費者の保護を正面から認めれば、法曹である裁判官の心理として、消費者の保護を図る判決を出すことを躊躇しない可能性

があると考えるのが自然です。

　反対に、消費者と契約関係で対立する立場となる会社は、著しく不利な影響を受ける可能性があります。会社が多くの契約の束に囲まれていることからすれば、債権法の改正で消費者の保護が図られる点は極めて重要なリスクだと考えて、経営者・経営幹部・法務担当者は、契約関係におけるコンプライアンスを考える必要があります。つまり、裁判所に過度に消費者の保護を図ろうとする判決を書かせないように、契約の経緯・契約の内容・契約の説明等に関して、十分に消費者の保護に配慮する必要があり、また同時に、後日の裁判まで視野に入れた証拠保存を考えた対応が必要なのです。

(3)　過払い金返還訴訟のような大量訴訟の可能性

　特に、消費者等多くの需要者に共通する契約に関して消費者等の保護を図る判決が出た場合や、消費者等の保護を図る判決が出る可能性が高い場合には、過払い金返還訴訟によって大きな収益をあげた弁護士等が、同じ手法を活用して、類似の契約関係に関する大量の訴訟を提起してくる可能性があります。例えば、更新料の特約が無効という判例が確定した場合、あるいは、更新料の特約が無効であると裁判所で認められる可能性が高い場合に、類似の借家契約をして更新料を支払っている多くの借家人を集めて、支払い済みの更新料の返還請求訴訟を大量に提訴することがあり得るのです。

　民法の改正で消費者の保護が正面から認められる場合や、類似の契約関係に立つ消費者が多い場合には、大量訴訟になる可能性がリスクとして認識される必要があります。会社にとって、このような大量の訴訟による影響は、実に大きなものがあるでしょう。

(4)　消費者等の国民が提訴する可能性の増加

　債権法の改正の理由の1つに、国民が民法の条文を見るだけで、私法のルールが分かるようにしようという点があります。

確かに、民法は国民の生活を規律するルールを定めるものですから、国民が民法の条文を見るだけで、そのルールが分かることが望ましいのです。ところが、現在の民法の条文を見ただけでは、国民の生活を規律するルールを知ることは不可能です。現在の民法の条文は、原則が規定されているだけで、それだけでルールを知ることはできないようになっているからです。そのため、現実のルールを知るには、判例法や学者の解釈を知る必要があります。その結果、国民が私法の基本法である民法のルールを知るためには、弁護士等の専門家に教えを受ける必要があります。

　しかしながら、日本は成文法の国なので、国民が成文法である民法の条文を見ただけで、おおよそのルールが分かることでないとおかしいのです。ところが、現状は、国民が成文法である民法の条文を見ただけではルールが分からず、法律のプロである弁護士等の教えを受けて、判例法や学者の解釈を知らないとルールが分からないというのですから、おかしなことです。

　そこで、債権法の改正において、国民が民法の条文を読めばそれだけで現実のルールが分かるようにしようとしているのです。といっても、国民によって法的素養の有無の違いがありますので、国民であれば誰でも、民法の条文を読めばルールが分かるということには無理があります。民法は法律なので、ある程度の法律的素養がないと、条文を読んでも法的ルールの意味を理解することはできないからです。従って、債権法の改正によって、法律のプロである弁護士のレベルに達していなくても、ある程度法律的素養がある国民であれば、民法の条文を読むと現実のルールが分かるような条文になると思われます。

　このように、債権法の改正で、民法の条文が読んで分かるようなものになると、相当な範囲の国民が、自分の問題に適用されるルールが分かるようになる可能性が高くなります。さらに、行政改革・司法改革を通して、法の支配を背景にする法化社会の雰囲気が社会に広まる状況を考えると、相当に広い国民層が、民法の条文を読んで、消費者保護等のルールを知るようになり

ます。その結果、会社との契約関係について、消費者保護等の民法のルールを当てはめて、会社の対応がおかしいと疑問を持つようになる可能性が高くなります。その疑問からの流れで、消費者等と会社との間で法的紛争に発展することも多くなる可能性があります。

　債権法の改正は、このような民法の定めるルールに目覚める消費者等を増やすとともに、その消費者等と大量訴訟を目指す弁護士の動きとを連動させるようになる可能性も否定できません。経営者、経営幹部、法務担当者の人たちは、このような時代の流れによる大きな影響を想定しておく必要があります。

第3章 経営者・経営幹部・法務担当者の意識改革の必要性

　会社は、人と社会をよりよくする存在として、会社の利害関係者から永続することが期待されている組織です。そのため、会社を永続させる役割を担う経営者は、会社の利害関係者からの期待に十分応え、その信頼を得られるように、利害関係者に対して社会的責任を負っています。その際、会社は会社の利害関係者との間で多数の契約関係に立っているから、それらの契約関係のあり方についても、誠実に信頼を得られるようにすることが会社の社会的責任を果たすことになることを忘れてはなりません。

　契約の時は会社の利害関係者として重要な客であるが、契約関係で紛争が生じた時は紛争で対立している敵であると考えるのは、本来、社会的責任を全うすることにはならないのです。契約関係があること自体、潜在的に紛争化することがあり得るのですから、紛争によって敵になるという考え方では、すべての顧客、さらには契約関係に立つすべての利害関係者を、潜在的に敵と考えることにつながるからです。

　このようなことにならないようにするには、利害関係者との契約関係について、紛争が生じないように予め誠実な対応をするようにし、かつ、そのような対応ができる体制になっているかの確認ができるようにしておくことが期待されます。このような期待に応えることが、契約の束に囲まれている会社としての社会的責任ではないかと思われます。このような社会的責任を果たして、会社に永続的な成長をもたらすことこそ、経営者が主導する内部統制なのです。

このような内部統制を確立するためには、内部統制を主導する経営者は、契約関係に大きな影響を及ぼす可能性のある、民法における債権法の改正の動向に注意を払う必要があります。さらに、契約関係に深く関わるポジションにいる経営幹部も契約関係の法令の遵守を統括する法務担当者も、民法における債権法の改正に十分な認識を持っておく必要があります。

　最後に、永続的成長をもたらす利益の循環を生む社会構造について述べておきます。その社会構造を理解することが、民法の債権法改正の認識と深く関わっているからです。民法の債権法改正が消費者等国民の保護を重視する可能性が高いので、それによって増大する会社のリスクを最小化するには、会社は、債権法の改正によるリスクに敏感になり、社会の信頼を得るように誠実な態度で契約関係を作り上げていく必要性を十分に認識すべきです。言い換えれば、債権法の改正によるリスクの増大という社会の変化に最高に適応するためには、経営者・経営幹部・法務担当者は、ガバナンス体制の構築と運用の両面からの改善をする必要性を強く認識し、それを実行するべきです。この改善こそが、経営者主導の内部統制なのです。

　まず、永続的成長をもたらす利益の循環を生む社会構造の図を示します。

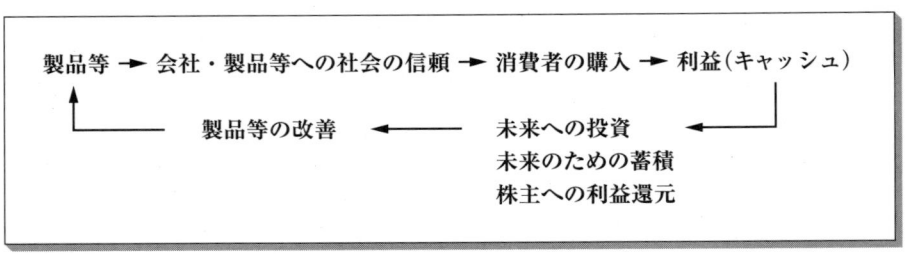

　この図を見て分かるように、永続的成長をするには、利益が循環し、その循環によって利益（キャッシュ）が増大する必要があります。この循環において、雪だるまの芯ともいうべき中核となるのが、会社・製品等に対する社会の人々の信頼なのです。このような意味を持つ社会の人々の信頼は、利益に直結していないため、過度の利益重視の経営をすると、無視ないし軽視さ

れがちになります。その結果、法令等違反を伴う不祥事が起こりやすくなり、社会の人々の信頼を損ない、消費者の購入動機を喪失させたり弱めたりし、ついには、利益の減少に追い込まれ、最悪の場合には、会社が破綻することになるのです。

　このように考えると、会社が永続的に成長するためには、利益を考える前に、社会の人々からの信頼を得ることを重視すべきだということが分かります。むしろ社会の人々からの信頼を得ることが売上増となり、利益の増大につながることが分かるのです。言い換えれば、社会の人々から信頼を得る経営をするという社会的責任を果たすことが、永続的成長をもたらす利益の循環を生み出すことになるのです。

　これをコーポレート・ガバナンスの観点から捉えると、次のように言えます。コーポレート・ガバナンスの要素は、2つあります。
　(i)　経営の健全性
　(ii)　経営の効率性
　経営の健全性をイメージ的に言えば、社会の人々の信頼、期待になります。

　経営の効率性をイメージ的に言えば、利益、キャッシュ、生産性、成長ということになります。

　この両者の関係をどう捉えるべきかが、ガバナンス体制の構築・運用の実効性に影響を与えます。この両者の捉え方は、実務的に考えると以下の3つになると思われます。
　a）経営の効率性優先（効率性優先論）
　b）経営の効率性と経営の健全性は車の両輪（車の両輪論）
　c）経営の健全性優先（健全性優先論）
　a）の効率性優先論の会社では、利益を重視し、法令等の遵守に真剣な取り組みをしません。利益に色はない、という発想です。不祥事が多発している実態からすれば、上場企業にも相当多いタイプです。会社をわが物と考え

る傾向にある中小企業は、ほとんどがこのタイプに属します。

　このタイプの会社は社会の人々からの信頼を失いやすいので、多くの場合、永続的な成長をすることは困難になります。しかしながら体力のある会社では、社会の人々からの信頼を失った後、中興の祖といわれる経営者が登場して再建されることがあります。

　b）の車の両輪論の会社では、効率性の領域にある利益と、健全性の領域にある社会の人々の信頼の両者共に重要で、両者は車の両輪のようなものだと捉えます。そのため、法令等の遵守に相当程度の配慮をして、ガバナンス体制の構築・運用をしています。多くの上場企業は、この考え方をとっているように思えます。

　ところがこのタイプの会社でも、最近の談合、カルテル、インサイダー取引等の摘発事例の多さを見れば、不祥事は少ないとはいえません。つまり、このタイプの会社では、法令等の遵守を求める健全性の確立についての実効がないことも多いのです。その原因は明らかです。談合やカルテル等の例を考えると、利益と法令等の遵守とが抵触する場合に、現場担当者は、両輪論ではどちらを優先すべきかを決めていないので、必然的に利益を選択することになってしまうからです。

　c）の健全性優位論の会社では、利益を捨ててでも法令等の遵守をするように明確に決めています。つまり、このタイプの会社では、健全性という社会の人々の信頼は、効率性という利益よりも優先すべきだと捉えているのです。そのためこのタイプの会社では、健全性を基準にして、次のように利益に色をつけています。

```
利益 ┬─▶ 法令等を遵守する健全な利益＝獲得すべき利益
     └─▶ 法令等に違反する不健全な利益＝捨てるべき利益
```

つまり、このタイプの会社は、法令等の遵守という網の目を通った利益だけが、会社が容認できる利益だと考えているのです。反対に、この網の中に残った利益は害毒だとして捨て去るのです。社会の人々の信頼に反するような害毒のごとき利益は、永続的な成長をもたらす利益の循環を阻害すると考えているのです。言い換えると、このタイプの会社は、永続的成長をもたらす利益の循環を生み出す社会構造の考え方を、積極的な経営哲学として取り入れているのです。その経営哲学は実践的であり、それに基づくガバナンス体制の構築・運営は、経営の健全性を実効的に確立し、そのことが同時に、より多くの利益を生み出し経営の効率性を高めることにつながっているのです。

　以上のように、永続的な成長をもたらす利益の循環を生み出す社会構造から考えて、経営の健全性の領域にある法令等の遵守を優先し、そのためのガバナンス体制の構築・運用を重視する必要があることが理解できます。このような理解は、債権法の改正が裁判官心理を今まで以上に消費者重視にすることを考える際には重要になります。裁判官心理が消費者重視になるということは、会社を取り巻く契約関係について、会社は今までよりも大きなリスクを負うことを意味します。従って、a）の効率性優先論の会社は、今まで以上に危機的な状況になる可能性が高いし、真剣にガバナンス体制の強化を考える必要があります。b）の車の両輪論の会社も、現状のままでは、危機に直面する機会が増大する可能性が高いのです。やはりc）の健全性優先論の立場を採用し、ガバナンス体制の構築・運用の改善を繰り返す必要があります。つまり、債権法改正の問題は、会社の内部統制の強化を迫る緊急の経営課題なのです。

　この経営課題は、契約の束に囲まれている全ての会社の問題であり、大企業は各大企業のおかれた特性を重視し、中小企業でも各中小企業なりに、最も重要な課題として認識する必要があります。大企業では各社なりの内部統制の観点から、時代の変化についての認識を経営者・経営幹部・従業員が共

有するようにし、法務部門、内部監査の部門を強化する必要があります。中小企業では、法務部門・内部監査部門を持つことは困難ですから、大企業以上に真剣な取り組みをする必要があります。中小企業でも、顧問弁護士を持つことが常識の時代になったのです。このことを債権法の改正は教えています。

　このように、債権法の改正の意味を理解し、ガバナンス体制の改善を求める時代の変化に最高に適応することが、今後、債権法が改正される過程において会社が生き残っていく唯一の道といえるでしょう。

第2編

契約関係の成立と終了

第1章 法律行為の現代化

第1節 公序良俗

(1) 「公序または良俗」

　現行民法では、「公の秩序又は善良の風俗」に反する行為は無効となると規定しています（民90）。基本方針は、市民のための民法を標榜していますから、用語の分かりやすさも大事です。そこで基本方針においては、「公の秩序又は善良の風俗」という文言を、一般にもなじみのある「公序または良俗」という文言に変えています（基本方針【1.5.02】〈1〉）。

> 【1.5.02】 （公序良俗）
> 〈1〉 公序または良俗に反する法律行為は、無効とする。
> 〈2〉 当時者の困窮、従属もしくは抑圧状態、または思慮、経験もしくは知識の不足等を利用して、その者の権利を害し、または不当な利益を取得することを内容とする法律行為は、無効とする。

(2) 暴利行為準則の明文化

　公序良俗の具体的内容について、現行民法では何も規定していません。現行民法の立法過程では、主として、国の行政警察活動や性風俗に関わるもの

が公序良俗と考えられていたようです。

　しかし、その後の学説や多くの裁判例では、国の行政警察活動や性風俗に関わるもの以外にも、談合契約、芸娼妓契約、営業の自由を過度に制約する競業禁止特約、賭博契約など、多くの事例において公序良俗違反が認められるようになり、公序良俗の類型化がされてきました。このような公序良俗の類型の一つに"暴利行為"といわれるものがあります。

　暴利行為とは、「他人の窮迫・軽率・無経験に乗じて、著しく過当な利益の獲得を目的とする法律行為」（大判昭和9年5月1日等）のことで、このような暴利行為は無効となるということが、判例上確立しています。暴利行為の例としては、悪徳商法や不当な投資勧誘をイメージしてもらえばよいと思いますが、これらに限りません。

　このように、暴利行為は無効であるとの準則は判例上確立していることから、基本方針では、暴利行為準則を明文化することを提案しています。

（3）　新しい暴利行為準則

　基本方針の提案では、「当事者の困窮、従属もしくは抑圧状態、または思慮、経験もしくは知識の不足等を利用して、その者の権利を害し、または不当な利益を取得することを内容とする法律行為は、無効とする。」（【1.5.02】〈2〉）とされています。前半の「当事者の困窮、従属もしくは抑圧状態、または思慮、経験もしくは知識の不足等を利用して」の部分は主観的要素、後半の「その者の権利を害し、または不当な利益を取得することを内容とする法律行為」という部分は客観的要素といわれています。

　現行の暴利行為準則と比較してみると、主観的要素については「従属もしくは抑圧状態」「知識の不足等」が付加されており、客観的要素については「その者の権利を害」する態様の行為が付加されたことや「著しく過当な利益」から「不当な利益」へ緩和されていることが分かるかと思います。

　「従属もしくは抑圧状態」というのは、既存の関係を利用する場合や不当

な威圧が行われるような場合が想定されています。また「知識等の不足」とは、情報や交渉力の格差を利用する場合が想定されているとともに、「等」の文言が付加されていることにより、当事者の困窮、従属、抑圧状態や思慮、経験、知識の不足に乗じることはあくまで例示であることを意味しています。

（4） 法務担当者として留意すべきこと

　公序良俗違反というと、多くの企業では「うちは関係ない」「そんな悪質なことはしていない」と思われることでしょう。しかし、商取引の中では、相手企業との取引上の力関係を利用した交渉や要求がされることもあり得ます。また、消費者との取引では情報や交渉力の格差が生じやすいため、消費者保護に配慮した規定に留意するとともに、公序良俗違反の有無にも配慮しなければなりません。

　基本方針の提案は、現行民法の規律を大きく変えるものではないと思われますが、暴利行為について要件が緩和されていることや、そもそも公序良俗の規定が一般条項であって、具体的事案における判断が困難な場合があることから、法務担当者としては、疑いのある取引、契約を発見した場合や、不特定多数の消費者との間で定型的な契約を締結するような場合は、弁護士に相談された方がよいでしょう。

第2節 ｜ 不実表示

（1） 提案内容の検討

　基本方針は、【1.5.13】において「錯誤」について定めています。現行民法でも錯誤についての規定がおかれているのは、ご存知の通りです（民95）。これに加え基本方針では、ある意思表示の表意者が、一定の事項について事

実と異なることを告げた場合に、相手方がその異なる表示ゆえに誤った認識をして、これに基づき意思表示をしたような場合は、相手方は意思表示を取り消すことができるという条項（不実表示）を加えました。

　基本方針【1.5.15】の提案する条項の文言は次の通りです。「〈1〉相手方に対する意思表示について、表意者の意思表示をするか否かの判断に通常影響を及ぼすべき事項につき相手方が事実と異なることを表示したために表意者がその事実を誤って認識し、それによって意思表示をした場合は、その意思表示は取り消すことができる。」（基本方針【1.5.15】）。

　不実表示条項が錯誤の条項と異なるのは、不実の表示が法律行為の内容となっていなくとも、意思表示をする際の判断にあたって通常影響を及ぼすような事情について事実と異なる表示があった場合に、相手方がそれに基づいて意思表示をした時に取り消すことができる、という点にあります。

　もともと不実表示については、消費者契約法第4条第1項第一号に定めがありました。同条は、事業者が重要事項について事実と異なることを告げ、消費者が当該告げられた内容が事実であるとの誤認をし、それによって当該消費者契約の申込み又はその承諾の意思表示をした時は、これを取り消すことができることとしています。消費者契約法は、当然ながら事業者と消費者との間の契約に適用されるものですが、契約の当事者が事実について異なる表示をした場合、相手方が消費者でない場合でも、誤認をしてしまうということが考えられます。そこで基本方針は、相手方が消費者であろうと事業者であろうと、変わらず不実表示をされた側を保護することとしたのです。

　さらに基本方針では、意思表示の相手方本人が不実表示をした場合のみならず、第三者、つまり表意者でも相手方でもない人が不実表示をした時も、一定の要件の下で表意者を保護することとしています。「一定の要件」とは、具体的には「当該第三者が相手方の代理人その他その行為につき相手方が責任を負うべき者であるとき。」（基本方針【1.5.15】〈2〉〈ア〉）又は「表意者が意思表示をする際に、当該第三者が表意者に事実と異なることを表示したこ

とを相手方が知っていたとき、または知ることができたとき。」(基本方針【1.5.15】〈2〉〈イ〉)というものです。第三者が表意者に対して不実表示をしたからといって、第三者による行為の責任をすべて相手方に負わせることは酷ですが、このような場合には、意思表示が取り消されてもやむを得ないと考えられるためです。

上記「一定の要件」のうち前者は、第三者の行為について相手方が「責任を負うべき者」である時という要件です。相手方が責任を負うべき者とは、代理人、法人の代表者、従業員等を指します。後者は、第三者の行為を相手方が知っていた時や、知り得たような時は、相手方を保護する必要はないだろう、との判断によるものです。

なお、表意者の不実表示による意思表示が行われた場合でも、善意無過失の第三者に取り消しを対抗することはできません。例えば、Aさんが持っていた車について、何らの故障もないのに、Bさんが「この車は壊れていて、もう乗れません。ですが、うちなら部品を有効活用できるので、安く譲っていただけませんか。」と述べて、Aさんから廉価で譲り受けたとします。この場合、Bさんの表示が不実表示にあたることになれば、Aさんは車の売買契約を取り消すことができます。しかし、既にBさんがCさんに車を売ってしまっていた場合、何も知らないCさんから車を取り上げてAさんに返却させるというのは酷でしょう。何の過失もないCさんと、少し慎重さを欠いていたAさんを比較すると、Cさんを保護すべきであろう、という要請から、この規定は設けられています。

(2) 事業者として注意すべきことは

不実表示についての記載は既に消費者契約法第4条で規制されていますから、同法に対応していた会社であれば、特にこの規定について神経質になる必要はないでしょう。ただ、消費者契約法とは若干文言が異なっていますので、その点は注意が必要です。例えば、消費者契約法では、不実表示の内容

について例示がされていますが、基本方針ではこの例示はありません。消費者契約法に定める例以外の場面であっても取り消しをすることができるという点を強調するためです。また、消費者契約法では「事実と異なることを『告げる』こと」により消費者が当該告げられた内容が事実であると誤認した時は、意思表示を取り消すことができると定められていますが、基本方針では「事実と異なることを『表示』した」ことを要件としており、明確に『告げる』ことをしていない場合でも、黙示的に事実と異なる表示があれば足りることを明らかにしています。

なお、不実表示の中には虚偽の説明をすること等は当然に含まれますが、表意者にとって不利益な事実を告げないこともこれに含まれることになりますので、注意が必要です。実務においては、契約締結前の説明がどのように行われているかを確認しておく必要があるでしょう。

第3節｜断定的判断の提供・困惑

（1） 提案内容の検討

① 断定的判断の提供に基づく誤認

　基本方針は、消費者契約法に定められる規定をいくつか提案の中に入れていますが、本節で検討する「断定的判断の提供に基づく誤認」も、消費者契約法を元に定められたものです。消費者契約法では、第4条第1項第一号で前節の「不実表示」について記載され、同項第二号で「断定的判断」について記載されています。基本方針は、「不実表示」の規制は消費者のみならず事業者間での契約にも適用されることとしましたが、この「断定的判断」に関する規制は、対消費者との関係においてのみ用いられることとしました。前者の趣旨が事業者間での契約でもあてはまることが多いのに対し、後者は、消費者と事業者の間の判断能力の差異に基づくところが大きく、事業者

第1章 法律行為の現代化

間の契約についてまで、断定的判断による提供をされた者を保護する要請は低いと考えられたためです。

このような趣旨から、基本方針は、「消費者は、事業者が消費者契約の締結について勧誘をするに際し、当該消費者に対して、物品、権利、役務その他の当該消費者契約の目的となるものに関し、不確実な事項につき断定的判断を提供したことにより、当該提供された断定的判断の内容が確実であるとの誤認をし、それによって当該消費者契約の申込みまたはその承諾の意思表示をしたときは、これを取り消すことができる。」と定めました（基本方針【1.5.18】〈1〉）。契約の締結時にはどちらの当事者にとっても確実かどうか分からないような事項について、事業者が「（契約を締結すれば、又は締結しなければ）必ずこうなります。」などと断定して、消費者がこの断定を信用して契約を締結してしまったような場合、消費者は後で意思表示を取り消すことができるとしたのです。

具体的には、英会話教室で「この講座を受ければ必ずTOEICで〇〇点がとれます」と勧誘されたり、エステティックサロンで「このコースを受ければ間違いなく体重を落とすことができます」などと言われ、それを信じて契約を締結した、などの場面が典型的なものと言えるでしょう。

この「断定的判断の提供」については、事業者自身が行った場合のみならず、第三者が行った場合であっても、一定の場合には消費者が意思表示を取り消すことができるとされており、この要件は前節で述べた「不実表示」の場合と同様です。つまり、(i)事業者の代理人や事業者がその行為に責任を持つべきその他の者が断定的判断を提供した場合や、(ii)第三者が断定的判断を提供したことを事業者が知っていた、又は知ることができたような場合には、事業者自身が断定的判断を提供したことと同じものとみて、消費者による取り消しを可能にしたのです。

② 困 惑

また、基本方針は、事業者が消費者に契約締結の勧誘をするにあたり、消

29

費者が勧誘の継続を望まない旨の意思表示をしたにもかかわらず勧誘を継続して、消費者が、契約締結を承諾するまで勧誘が続くものと困惑し、それにより契約を締結したような場合は、後にこれを取り消すことができるものとしました（基本方針【1.5.19】〈1〉）。この規定も、消費者と事業者間の契約についてのみ適用されます。

　基本方針では、消費者を困惑させるような態様の勧誘について、具体的な例を示しています。つまり、「当該事業者に対し、当該消費者が、その住居またはその業務を行っている場所から退去すべき旨の意思を示したにもかかわらず、それらの場所から退去しないこと。」（基本方針【1.5.19】〈1〉〈ア〉）や、「当該事業者が当該消費者契約の締結について勧誘をしている場所から当該消費者が退去する旨の意思を示したにもかかわらず、その場所から当該消費者を退去させないこと。」（基本方針【1.5.19】〈1〉〈イ〉）が認められる場合には、消費者が、契約を締結するまで勧誘が続くと思って申込みや承諾をしてしまった時にも、後で意思表示を取り消すことができるとしているのです。

　前者の「消費者が……退去すべき旨の意思を示したにもかかわらず、それらの場所から退去しない」場合とはいわゆる押し売りのようなもので、イメージをしやすいかと思います。後者の「事業者が……消費者を退去させないこと」とは、典型的なものは監禁状態にして帰さないような場合を指しますが、物理的に鍵をかけられたような状態でなくとも、口頭で執拗に引き止めをしたり、会場全体を興奮状態に仕立て上げて帰りづらい雰囲気が作られているような時でもこれに該当する可能性がありますので、注意が必要です。

（2）　どう対応する？

　本章第2節で述べた「不実表示」の場合と同じように、「断定的判断」や「困惑」による意思表示の規制もまた、消費者契約法に既に定めがおかれています（消費契約4③）。消費者契約法でも、基本方針と同じように、「当該

事業者に対し、当該消費者が、その住居又はその業務を行っている場所から退去すべき旨の意思を示したにもかかわらず、それらの場所から退去しないこと。」(消費契約4③一) 及び「当該事業者が当該消費者契約の締結について勧誘をしている場所から当該消費者が退去する旨の意思を示したにもかかわらず、その場所から当該消費者を退去させないこと。」(消費契約4③二) を取り消しの要件としています。消費者契約法第4条第3項には、基本方針【1.5.19】〈1〉に記載されているような「当該消費者に対して勧誘を継続することにより、当該消費者が当該消費者契約の申込みまたはその承諾の意思表示をするまで勧誘が継続するものと困惑し、それによって当該消費者契約の申込みまたはその承諾の意思表示をしたとき」という要件までは記載されていませんが、消費者契約法の趣旨に反する要件ではありませんので、特に要件が厳格になったとまではいえないと思われます。

　従って、既に消費者契約法に沿った対応をしている事業者の方は、特に新しいことを始める必要はないでしょう。ただ、これまで特別法だった消費者契約法から民法に規定が盛り込まれることで、訴訟においても裁判官が消費者保護の視点を強く持つことも想定されます。そこで担当者の方も、このような姿勢を持って契約の確認等を行うことが求められることになります。

第2章 契約の成立過程

第1節 契約の成立に係る基本ルール

(1) 契約を成立させる合意とは

　現行民法においては、申込みと承諾の意思が合致した時に契約が成立すると解されています（ただし、そのことを定める明文の規定は存在しません）が、契約成立の場面というのは、「売ります」「買います」という意思の合致によって（売買）契約が成立するというような単純な場合だけではありません。企業間の契約では、当事者間で契約内容について交渉を重ね、徐々に合意が形成されるという場合も多くあります。申込みと承諾といっても、問題となり得る事項のすべてについて両当事者の意思が合致していなければ契約が成立しないというのは一般常識にも反しますので、どこまで合致していれば契約が成立するのかは別途問題となるのです。

　そこで、基本方針では、契約の成立に関する基本ルールともいうべき規定を提案しています。

　まず、契約は、当事者の意思や契約の性質に照らして、定められるべき事項について合意がされることによって成立するとされています（基本方針【3.1.1.07】〈1〉）。例えば、売買契約の主要な要素は売買目的物の特定と代金額であるといわれていますが、当事者が履行地を重要な要素と考えていたのであれば、履行地についての合意が成立しなければ契約は成立しません。

また、基本方針は、契約の成立にあたり定められるべき事項のすべてが合意された場合であっても、当事者の意思により、契約を成立させる合意が別途必要とされる場合には、当該合意がされるまでは契約は成立しないことも提案しています（基本方針【3.1.1.07】〈2〉）。これは、例えば、契約交渉により必要な事項がすべて合意されたとしても、最終的には契約書へ署名した時に契約を成立させるつもりであるという場合があり、そのような意思を持つ当事者間においては、契約を成立させる合意が成立した時点（この例では契約書への署名の時点）で契約が成立することを明示したものです。

（2）　予防法務の充実を

　契約が成立したかどうか、どのような内容の契約として成立したか、当事者がどのような意図で契約したのかといった点はトラブルになりやすく、多くの裁判でも争点になっています。

　本節に関する基本方針の提案は、現行の民法の規律やこれまでの実務を大きく変えるものではないと思われますが、法務担当者としては、契約書のチェックだけでなく、交渉過程における当事者間のやり取りや契約の背景事情にまで踏み込んだ関与が求められるといえるでしょう。

　申込みと承諾によって契約が成立するという規律は現行民法と変わっていませんが、契約が成立する時点について現行民法に変更を加えた部分があります。これについては次節で説明します。いずれにしても、後日、紛争が生じないように契約を締結するということが予防法務の基本であり、法務コストの効果的な低減につながります。重要な契約交渉に際しては、法務担当者も同席するなどし、交渉過程を記録、書面化しておくべきでしょう。

　なお、基本方針【3.1.1.07】〈2〉の契約を成立させる合意については、停止条件付き契約とは区別して理解する必要があります。停止条件付き契約とは、条件が成就することにより契約の効力が発生するものです。例えば、国や地方公共団体等の許可を契約成立の前提とするような場合、これが停止条

件付き契約であれば、許可を取得した時点で契約が成立することになりますが、当事者が契約を成立させる合意を別途必要と考えていた場合、許可の取得だけでは契約は成立しないことになります。これは、許可の取得後に、契約の履行を拒絶できるか否かに関わってきます。最終的な契約成立の合意までは契約を成立させない趣旨である場合、そのことを明示しておく必要があるでしょう。

第2節　申込みと承諾

　申込みと承諾に関しては、基本方針【3.1.1.12】から【3.1.1.24】に提案されている通り、いままでの判例や多数説の見解を採用していたり、民法制定後の立法（商法や電子商取引など）の成果を取り入れたりしており、現行民法を変更する点が少なくありません。

　本節では、このような変更点のうち、企業法務を考える上で重要と思われる提案について説明します。

（1）　承諾＝到達主義の採用

　現行民法は、隔地者間の契約について、申込みに対して承諾を発した時に契約が成立するという、発信主義を採用していました（民526）。しかし、これは学説の批判も強く、世界的潮流にも沿わないことから、コンピューターを利用して行う承諾（電子承諾通知）については到達主義が採用されているところでもありました（電子契約特4）。そこで、基本方針では、承諾についても意思表示の一般原則（基本方針【1.5.20】参照）に従い、相手方に到達した時に効力を生じるべきことが提案されています（基本方針【3.1.1.22】〈1〉）。この点は、従来の規律を大きく変更するものであり、留意が必要です。

（2） 期間の定めのない申込みの撤回と失効

　承諾の期間を定めずになされた申込みは、いつまで有効なのでしょうか。また、撤回はできないのでしょうか。

　現行民法では、申込者が承諾の通知を受けるのに相当な期間が経過するまでは撤回できないと規定しています（民524）。相手方の信頼を保護するためです。この点は、基本方針においても変更はありませんが（基本方針【3.1.1.16】〈2〉）、基本方針では、以上に加えて、申込みの失効についても提案しています。「承諾の期間を定めないでした申込みは、相手方はもはや承諾しないだろうと申込者が考えることが合理的な期間が経過するまでに承諾がなされなかったときは、その効力を失う。」という提案です（基本方針【3.1.1.16】〈1〉）。少しわかりづらいですが、期間を定めずになした申込みは、「申込みを承諾するのに相当な期間」経過後は、申込者は当該申込みを撤回でき、さらに「相手方はもはや承諾しないだろうと申込者が考えることが合理的な期間」が経過したら、当初の申込みは撤回せずとも失効するというものです。

　また、申込者は「申込みを承諾するのに相当な期間」内に撤回することがあることを留保して申込みをすることができ、この撤回可能性を留保した期間の定めのない申込み、及び不特定の者に対してなされた期間の定めのない申込みの場合は、「申込みを承諾するのに相当な期間」の経過により申込みの効力が失効するとされています（基本方針【3.1.1.16】〈3〉〈4〉）。

（3） 対話者間における申込みの撤回と失効

　対話者間においては、原則として、対話が終了するまでに承諾がされなかった場合は、申込みの効力は失効することとされました（基本方針【3.1.1.17】〈1〉）。これは、これまでの判例や学説の多数説の見解を採用するものです。また、対話者間における契約の申込みは、対話が終了するまでいつでも撤回

できるとされています（基本方針【3.1.1.17】〈2〉）。

　対話者の範囲については、現行民法に規定はありませんし、基本方針においても具体的な提案はしないものとされています。対話者間では、相手の反応を察知し、それに応じた態度決定をすることが可能であると同時に、それが互いに期待されているというのがこの規定の趣旨ですから、当該趣旨に立ち返って、具体的な事案ごとに決定されるものという他ありません。

（4）　事業者による不特定の者に対する契約内容の提示

　事業者がその事業の範囲内で、不特定の者に対し契約の内容となるべき事項を提示した場合、その提示は申込みと推定されるべきことが提案されています（基本方針【3.1.1.18】）。ただし、提示された事項によって契約内容が確定できることが必要ですが、提示の相手方は、消費者であると事業者であると問わないことになっています。

　契約内容の提示とは、具体的には、店舗における商品の陳列やカタログやWEBへの商品内容の掲載といった行為が該当します。

（5）　申込みに変更を加えて承諾したら？

　現行民法においては、承諾者が申込みに変更を加えて承諾した場合、それは申込みの拒絶とともに新たな申込みをしたものとみなされます（民528）。基本方針においては、現行民法の規律は維持しながら、申込みに加えた変更が、当事者の意思や契約の性質に照らして申込みに実質的変更を加えるものでないときは、変更がなされた部分を除いた内容で契約は成立するべきことが提案されています（基本方針【3.1.1.24】〈1〉ただし書）。この場合、変更を加えられた点については合意が成立していないことになりますから、必要に応じて、解釈により内容を補充することになります。

　しかし、自らが望む契約事項がそのまま契約内容にならないのであれば、契約の成立を望まないということもあります。そのような意思を表示してい

た場合は、【3.1.1.24】〈1〉ただし書は適用されません（基本方針【3.1.1.24】〈2〉〈ウ〉）。また、申込者が、承諾の到達後遅滞なく承諾者に異議を述べた時も契約は成立しません（基本方針【3.1.1.24】〈2〉〈イ〉）。

（6）　契約成立プロセスの見直しを

　実務的に変更の影響が大きいと思われるのは、事業者による不特定の者に対する契約内容の提示（基本方針【3.1.1.18】）でしょう。

> 【3.1.1.18】（事業者による不特定の者に対する契約内容の提示）
> 　事業者がその事業の範囲内で、不特定の者に対し契約の内容となるべき事項を提示した場合、提示された事項によって契約内容を確定しうるときは、その提示は申込みと推定する。

　契約内容の提示が申込みと推定されることの意味は、提示を受けた相手方が承諾すれば契約が成立するということです。この場合、契約の相手方がだれであっても契約が成立することになりますし、又、多数の契約が成立して自社の供給能力を上回ってしまうということにもなりかねません。契約内容の提示について、すべての承諾との関係において契約が成立することを避けるためには、それが申込みではなく、申込みの誘因に過ぎないものであることを明示しなければなりません。

　また、申込みに変更を加えて承諾された場合にも、当該変更が実質的変更にあたらない限り、契約は成立することになりますが、そのような形での契約成立を望まない場合には、遅滞なく、異議を述べる必要があります。特に多数の消費者との取引を行っている企業においては、すべての契約について法務担当者が関与することは現実的ではありませんから、社内研修や契約マニュアルの作成を通じ、対応を事前に周知しておくことを検討すべきでしょう。

第3節 契約の原始的不能

（1） 契約は有効？ 無効？

　原始的不能な契約とは、契約成立時点において、契約上の債務の履行が不可能である場合をいい、売買契約の前日に契約の目的物（建物等の特定物）が火事により焼失してしまった場合等が議論されてきました。伝統的に、民法では、原始的不能の契約は無効であると考えられてきましたが、火事の発生が契約締結の前であるか後であるかによって、当事者間の法律関係に大きな差異が生じるという帰結は合理的とは思われません。そこで、基本方針では、契約上の債務の履行が契約締結時点で既に履行不能である場合やその他履行をすることが契約の趣旨に照らして債務者に合理的に期待できなかった場合であっても、反対の合意が存在しない限り、有効であるべきことを提案しています（基本方針【3.1.1.08】）。

（2） 油断は禁物

　先の事例のようなケースは極めてレアなケースと言い切れるでしょうか。たまたま火事になった建物の売買契約を火事の翌日に締結するということは極端な設例に過ぎないとお考えの方も多いことと思います。しかし、現実には、目的物が滅失したことは確かであるが、滅失時点が不明であるということもあります。契約の目的物が存在しないかもしれないというリスクは、法務担当者として当然にコントロールしておくべきリスクですから、油断は禁物でしょう。基本方針【3.1.1.08】の提案に沿って反対の合意を明示しておくべきか否かは、それぞれの取引の立場や背景事情によって様々ですが、原始的不能な契約に拘束されることを回避するには、その旨合意しておきなさいというのが、基本方針のスタンスなのです。

第4節 契約交渉過程の信義則

(1) 契約交渉の不当破棄

　契約交渉を開始しても、契約を締結しなければならない義務を負うものではなく、交渉を破棄することも自由であることが原則です。しかし、不当破棄、すなわち取引上要求される信義誠実の原則に違反して交渉を破棄した場合には、相手方に対して、損害賠償の義務を負わなければなりません。このことは、従来から判例・学説によって認められてきたところです。

　基本方針では、従来の判例・学説の立場を明示すべく、「当事者は、契約の交渉を破棄したということのみを理由としては、責任を問われない。」としつつ、これにもかかわらず、「当事者は、信義誠実の原則に反して、契約締結の見込みがないにもかかわらず交渉を継続し、または契約の締結を拒絶したときは、相手方が契約の成立を信頼したことによって被った損害を賠償する責任を負う。」べきことを提案しています（基本方針【3.1.1.09】）。「契約の締結を拒絶したとき」は、契約締結に対する正当な信頼が相手方に形成された後に契約の締結を拒絶することを意味しています。賠償されるべき損害はいわゆる信頼利益といわれるものですが、その内容は論者により様々であることから、基本方針では信頼利益という用語は用いないこととされています。

(2) 交渉当事者の情報提供義務・説明義務

　交渉当事者は、契約交渉に際して、契約を締結するか否かに関し相手方の判断に影響を及ぼすべきものにつき、信義誠実の原則に従って情報提供し、説明する義務を負い、この義務に違反した場合、相手方がその契約を締結しなければ被らなかったであろう損害を賠償しなければなりません（基本方針【3.1.1.10】）。この提案も、従来の判例・学説を確認するものです。

なお、当事者が契約を締結するか否かの判断に通常影響を及ぼすべき事項について、事実と異なることを表示した場合には不実表示の規定が、情報提供義務・説明義務に反したことにより相手方が錯誤に陥り、又は相手方の錯誤を故意に利用して契約を締結させたような場合には詐欺の規定が、それぞれ問題となります。

（3）　交渉補助者等の行為と交渉当事者の賠償責任

　契約交渉の不当破棄や、交渉当事者の情報提供義務・説明義務の規定は、当事者自らが契約交渉や契約締結に関与させた者の行為についても適用され、これらの関与者の行為による場合であっても、交渉当事者が賠償責任を負うこととされています（基本方針【3.1.1.11】）。

　また同項において契約交渉や契約締結に関与する者の範囲は、被用者その他の補助者、契約交渉を共同して行った者、契約締結についての媒介を委託された者や代理権を有する者が例示されています。

（4）　実務への影響は？

　本節で説明した交渉当事者の義務は、基本的には従来の判例・学説を明文化するものであって、新たな規律を提案するものではないといえます。しかし、このような交渉当事者の義務が明文化されることの意味は小さくないと思います。また、交渉補助者等の行為についても交渉当事者が責任を負うこととされていますが、ここにいう交渉補助者等には、独立的補助者が含まれています。この点は、従来、あまり明確でなかったものですから、実務に与える影響は小さくないでしょう。なお、独立的補助者とは、交渉当事者から独立した第三者であるものの、交渉当事者が契約交渉ないし契約締結に関与させた者をいうと考えられています。

　情報提供義務・説明義務の範囲については、明文化されることにより情報開示の要求が従来以上に高まることが予想されます。また、実務上、どこま

での情報を開示すべきなのか判断に迷うケースが生じてくるでしょう。この点、基本方針では、【3.1.1.10】〈1〉において「契約の性質、各当事者の地位、当該交渉における行動、交渉過程でなされた当事者間の取決めの存在およびその内容等」に照らしてとされており、考慮要素として例示しています。基本的には、自社の契約交渉過程での現時点のプラクティスを見直した上で、実務の積み重ねにより順次軌道修正するという方向を志向することになるものと思われます。

第3章 約款と不当条項

第1節 約 款

(1) 提案内容の特徴

① 約款による契約の特殊な性質

　わが国に多数存在する契約の中には、当事者同士で一つひとつ条項の内容を詰めて作成する契約があるのに対し、一方の当事者が予め作成しておいた定型的な条項、いわゆる「約款」を用いて契約するという方法があります。後者の「約款」を用いた契約も契約であることに変わりはありませんが、前者のような契約とは以下のような点で異なります。

　まず、約款は定型的なものとして用いられるため、提示された側の当事者としては、事実上、条項の細部の修正を求めることができず、その約款を受け入れるか否かを選ぶことができるのみということになります。

　具体的な場面を想像していただければ分かりやすいでしょう。例えば、新しく携帯電話を買い、月々の利用契約を締結するとき、契約開始日や利用プランを明記した契約書に署名をすることになりますが、これとは別に、小冊子になった「約款」というものが存在しています。具体的には、株式会社エヌ・ティ・ティ・ドコモとの契約では、「FOMAサービス契約約款」や「パケット通信サービス契約約款」「国際電話サービス契約約款」等、いくつもの約款が定められており、ソフトバンクモバイル株式会社であれば「3G通

信サービス契約約款」「ソフトバンクモバイル（E）データ通信サービス契約約款」等の約款が存在します（平成22年4月時点）。しかし、新しい契約締結の際にこれらすべての約款の条項について一つひとつ説明を受けることはほとんどありません。実際、そんなことをしていては、日々多数の申込みのある契約を処理することはできませんし、携帯電話会社としても、契約をする利用者としても、それぞれの条項について時間をかけて詰めていくということはおそらく望んでいないといえます。そこで、契約の詳細な部分については、予め携帯電話会社が定めておいた約款を利用することが一般的になっているのです。このように、約款とは非常に便利なものではあるのですが、他方で、利用者が「約款の中に書いてあるこの条項は、ちょっと納得できないので変えてほしい」と思ったところで、携帯電話会社に対して約款の変更を求めることは困難でしょう。

また、利用者としては、「どの料金プランを利用するか」「オプションサービスは何を付けるか」「いつから利用を開始するか」等といった、契約書本体の主要な内容については慎重に検討をするとしても、いわゆる「約款」について契約締結前に一つひとつ吟味をするのは難しいことがほとんどです。

このように、「約款」を利用した契約は、契約書の文言について一つひとつ交渉をしていく通常の契約とは異なる性質を持っており、その性質ゆえに利用者が不利益を受ける場合もあります。

そこで、基本方針は約款を用いる契約について特約を定め、要件を満たしたものについてのみ、契約として認めることを提言しているのです。

以下で、約款による契約の定義や要件について検討していきましょう。

② 定　義

以上のような性質を持つ「約款」について、基本方針は、契約内容として組み入れるために一定の要件が必要であると提言しています。

では、そもそもどのような条項を「約款」というのでしょうか。

基本方針は、「多数の契約に用いるためにあらかじめ定式化された契約条

項の総体をいう。」と定めています（基本方針【3.1.1.25】〈1〉）。

①において、約款による契約の問題点として、相手方に開示されずに契約締結に至ることがあるという点、及び相手方にとっては、事実上条項の修正をすることができず、約款を受け入れるか否かの選択しかない場合が多いという点について述べました。上記に例示したような場面以外でも、一方当事者が「どの相手方についても、この定形的な条項で締結してもらっている」と述べれば、相手方としては、これを受け入れざるを得ないという状況は多く生じることと思われます。

このような弊害が生ずるのは、そもそも約款の作成者が、多数の相手方との契約を迅速に処理するために、定形化された文言を用いていることによるものといえます。かかる約款の規制が提言される趣旨からすれば、1回限りの契約において一方当事者が定形的な条項を作成したからといって、相手方が必ずしも不利な状況に置かれるとは言い難いでしょう。そこで基本方針は、上記【3.1.1.25】〈1〉において、「多数の契約に用いるために」という定義を置いています。また、個々の相手方に対してそれぞれ異なる条項を用いていれば、そもそも上記のような不都合は生じないこととなるため、「あらかじめ定式化された」という要件が付与されているのです。

さらに、基本方針は「約款を構成する契約条項のうち、個別の交渉を経て採用された条項には、本目および第2款第2目の規定は適用しない。」として、個別の交渉が行われた条項については、約款に対する規制の対象としないこととしています（基本方針【3.1.1.25】〈2〉）。約款が用いられた場合であっても、その内容について、一方当事者と相手方がきちんと交渉して作成された約款が使用されたのであれば、特に相手方を保護する必要はないためです。このような趣旨からすれば、単に一方当事者が相手方に対して約款の内容を説明しただけでは、「個別の交渉を経」たとはいえません。

③ **事業者にも適用**

基本方針においては、【1.5.18】や【1.5.19】等、消費者のみに適用され

る条項がいくつか提言されています。約款による契約についても、多くは消費者を対象とする大量・定形的な契約に用いられることが多いものですから、消費者相手の契約のみが規制対象となるようにも思われます。しかし、事業者同士の契約においても、当然、約款が使用されることはあり、その場合には、既に述べたような約款の不都合性が生じることに変わりはありません。そこで基本方針では、消費者のみならず事業者との契約についても、約款が有効になるための要件が定められています。

④　約款の組み入れ要件

　基本方針【3.1.1.25】〈1〉で述べた定義に当てはまる約款が用いられ、かつ、【3.1.1.25】〈2〉で述べたような交渉も存在しない場合、基本方針によれば、定められた要件を満たして初めて、約款が契約の内容として認められることになります。

　その要件としては、(i)「約款使用者が契約締結時までに相手方にその約款を提示」すること、(ii)「両当事者がその約款を当該契約に用いることに合意した」ことが必要となります（基本方針【3.1.1.26】）。

　既に述べた通り、約款を用いる契約においては、そもそも約款が相手方に開示されないということがあり、それゆえに、相手方としては約款の内容を全く認識せずに契約を締結してしまい、後に不利益を被るということがあります。そこで基本方針は、約款を作成した一方当事者が、契約締結の前に相手方に約款を提示することを求めました。この場合、実際に相手方が約款の内容を"認識"したことまで立証する必要はありません。そこまでを求めることは、あまりに約款の使用者に酷といえましょう。約款の使用者は、約款を相手方に交付するなどして、相手方がいつでも約款の内容を確認できる状態にすれば足りるということになります。

　もっとも、(i)の要件が満たされなかった場合については、ただし書で救済条項が付け加えられています。すなわち、「契約の性質上、契約締結時に約款を開示することが著しく困難な場合において、約款使用者が、相手方に対

し契約締結時に約款を用いる旨の表示をし、かつ、契約締結時までに、約款を相手方が知りうる状態に置いたとき」は、「約款は契約締結時に開示されたものとみなす」こととされるのです（基本方針【3.1.1.26】〈1〉）。では、「契約の性質上、契約締結時に約款を開示することが著しく困難な場合」とは、どのような場面が想定されるのでしょうか。

　典型的な例として、鉄道やバスの運送契約が考えられます。例えば、バスに乗る乗客の一人ひとりに対して、乗車の都度、予め約款を交付したり提示したりすることは困難です。バス会社と乗客の運送契約は、乗客が乗車する際に黙示に成立すると考えることができますが、そのように考えると、どうしても約款を開示しなければならないとすると、乗客がバスに乗車する前に約款を開示しなければならないことになります。その場合、すべての停留所か、もしくはバスの乗車口に約款を置いておく必要があるということになります。これではあまりに煩雑ですので、「契約の性質上、契約締結時に約款を開示することが著しく困難な場合」にあたるものとして、「約款使用者が、相手方に対し契約締結時に約款を用いる旨の表示をし、かつ、契約締結時までに、約款を相手方が知りうる状態に置いたとき」は、約款も運送契約の内容とすることができることとしたのです。例えば、バス会社の本社や営業所に約款を置き、停留所等に「約款使用者が、相手方に対し契約締結時に約款を用いる旨の表示」をしておくといった対応が考えられます。

　さらに、約款使用者による(i)の事前開示がなかった場合でも、何か別の方法で相手方が約款の内容を知っていた場合は、当該約款が契約の内容にならないと主張することはできません（基本方針【3.1.1.26】）。このような相手方を保護する必要はないためです。

（2）　約款契約の今後

　以上の通り、基本方針が民法として採用されれば、今後は単に「約款があるから」という理由だけで、その約款を契約の内容とすることはできませ

ん。約款を相手に開示した上で、相手方がその内容について合意したことが必要になるのです。そして、契約について争いが生じた場合、約款の内容を主張するためには、約款使用者の側で、上記要件について立証をしなければなりません。

　では、約款使用者として、どのような準備をしておくべきでしょうか。

　まず、「約款使用者が契約締結時までに相手方にその約款を提示」したことを立証する方法は難しくありません。実際に約款を交付して受領証に署名を求めたり、あるいは「備置きの約款を確認しました」というような書面に署名を求める等すればよいことになります。また、インターネット上の契約においては、利用画面で約款が提示され、「約款に同意する」等といった画面をクリックするという方法がとられていますが、契約当事者のみが操作できるような画面で同意画面にクリックがされれば、約款の開示を受けたことの証明になるといえるでしょう。

　これに比べて若干判断が難しいのが、「両当事者がその約款を当該契約に用いることに合意した」ことの立証です。素直に考えれば、相手方に「約款の内容について説明を受け、合意しました」という趣旨の書面に署名をしてもらえばよいように思えます。ただ、相手方が消費者であったような場合、消費者保護の観点が複数導入された基本方針の考え方によれば、このような書面があったとしても、他の状況から合意の存在が否定される可能性があります。例えば、あまりに膨大な約款や理解が困難な約款が用いられた場合や、相手方が合意するはずのないような条項が約款に記載されている等の場合は、様々な事情を総合的に勘案した結果、合意が認められないとされる可能性もないわけではありません。実務担当者の方は、こうした要件があることを念頭において、約款の内容が合理的であるか、約款の内容を相手方に理解してもらうために必要な措置はとられているか、等の諸事情について、配慮をしておくべきといえます。

第2節｜不当条項

（1）提案内容の特徴

① 不当条項の大枠

　通常、契約が締結される場合は、当事者と当事者が互いに内容について話し合い、一つひとつ条項を定めていくことになります。

　しかし、これは両当事者が対等な立場にあることを前提としており、両者に圧倒的な立場や知識の差がある場合は、一方に都合のよい条項のみが定められるという可能性があります。また、第1節で述べたような「約款」が用いられる場合も同様に、約款使用者にとって有利であると同時に相手方にとって非常に不利益な条項が用いられることが多くありそうです。

　そこで、基本方針【3.1.1.32】〈1〉は「約款または消費者契約の条項［（個別の交渉を経て採用された消費者契約の条項を除く。）］であって、当該条項が存在しない場合と比較して、条項使用者の相手方の利益を信義則に反する程度に害するものは無効である。」として、あまりに相手方に不利益な条項は無効であるとすることにしています。

　基本方針は「条項使用者の相手方の利益を信義則に反する程度に害するもの」という表現をしていますが、相手方に不利益な条項と一口に言っても、その内容は様々です。基本方針は、原則としては個々の契約条項を検討して、それぞれについて「条項使用者の相手方の利益を信義則に反する程度に害する」かどうかを判断すべきとしています。

　もっとも、このような個別の検討を経なくとも、明らかに不当だといえるような条項も中には存在します。そこで、基本方針は、消費者契約や約款が用いられている契約の一定の条項について、一律に「信義則に反する程度に（相手方の利益を）害する」ものとみなし、あるいは推定することにし、消費者や約款による契約の相手方を保護することとしました。このような「信義

則に反する程度に（相手方の利益を）害する」条項を「不当条項」と呼びます。

　基本方針が提言する不当条項を大まかに分類すると、以下の通りになります。

　(i)　約款・消費者契約の双方について、不当条項と「みなされる」条項
　(ii)　約款・消費者契約の双方について、不当条項と「推定される」条項
　(iii)　消費者契約について、不当条項と「みなされる」条項
　(iv)　消費者契約について、不当条項と「推定される」条項

　まず、「みなされる」と「推定される」の違いについて説明します。いったん不当条項として「みなされ」てしまうと、その条項は有無をいわさず無効となってしまいます。これに対し、不当条項であると「推定され」た場合は、約款使用者や事業者は「反証」をすることができます。つまり、当該不当条項の存在に関わらず、他の事情を勘案すると、必ずしも相手方の利益を侵害するものではないと立証することができれば、条項を有効なものとして主張することができるのです。例えば、他の条項で相手方に有利になっているものがあり、全体としてみると必ずしも相手方に不利益とはいえない場合や、当該不当条項を入れるべき合理的な事情があるような場合などが挙げられます。

　以下で、それぞれの不当条項について検討していくことにします。

② 約款及び消費者契約に共通する不当条項

　約款・消費者契約の双方について、不当条項と「みなされる」条項の例は、以下の通りです（基本方針【3.1.1.33】）。

（例）
　〈ア〉条項使用者が任意に債務を履行しないことを許容する条項
　〈イ〉条項使用者の債務不履行責任を制限し、または、損害賠償額の上限を定めることにより、相手方が契約を締結した目的を達成不可能にする条項
　〈ウ〉条項使用者の債務不履行に基づく損害賠償責任を全部免除する条項

〈エ〉条項使用者の故意または重大な義務違反による債務不履行に基づく損害賠償責任を一部免除する条項

〈オ〉条項使用者の債務の履行に際してなされた条項使用者の不法行為に基づき条項使用者が相手方に負う損害賠償責任を全部免除する条項

〈カ〉条項使用者の債務の履行に際してなされた条項使用者の故意または重大な過失による不法行為に基づき条項使用者が相手方に負う損害賠償責任を一部免除する条項

〈キ〉条項使用者の債務の履行に際して生じた人身損害について、契約の性質上、条項使用者が引き受けるのが相当な損害の賠償責任を全部または一部免除する条項　ただし、法令により損害賠償責任が制限されているときは、それをさらに制限する部分についてのみ、条項使用者の相手方の利益を信義則に反する程度に害するものとみなす。

　まず上記リストの〈ア〉ですが、条項使用者が履行をしないことを選択すれば、それだけで相手方は履行を請求することができないとするというような条項がある場合、相手方は契約を締結したにもかかわらず、いつ条項使用者から「履行をしない」と言われてしまうのか分からないこととなり、非常に不安定な立場になってしまいます。そこで基本方針は、このような条項は約款・消費者契約に共通して不当条項に該当し、無効とすべきであると提案しています。

　〈イ〉は、損害賠償責任を制限する条項ですが、条項使用者が契約を履行しなくても損害賠償責任を負わないということになると、条項使用者にとってリスクが無い以上、都合よく履行を拒絶されるということが考えられるため、設けられました。例えば、一定時間で配達を行うことを売りにするバイク便等が、決められた時間内に配達をすることができなくても損害賠償責任は負わない、あるいは非常に低額な金額しか支払わないとされていては、きちんと一定時間に配達されることを期待することは難しくなるでしょう。

　〈ウ〉から〈カ〉の条項については、消費者契約法の第8条でも無効な条

項として定められています。もっとも、このような条項が契約の拘束性を失わせるものとして不当であることは消費者契約に限られるものではないため、基本方針では、約款が用いられた契約についても適用されることとしているのです。

次に、約款・消費者契約の双方について、不当条項と「推定される」条項の例は、以下の通りです（基本方針【3.1.1.34】）。

（例）
〈ア〉条項使用者が債務の履行のために使用する第三者の行為について条項使用者の責任を制限する条項
〈イ〉条項使用者に契約内容を一方的に変更する権限を与える条項
〈ウ〉期間の定めのない継続的な契約において、解約申し入れにより直ちに契約を終了させる権限を条項使用者に与える条項
〈エ〉継続的な契約において相手方の解除権を任意規定の適用による場合に比して制限する条項
〈オ〉条項使用者に契約の重大な不履行があっても相手方は契約を解除できないとする条項
〈カ〉法律上の管轄と異なる裁判所を専属管轄とする条項など、相手方の裁判を受ける権利を任意規定の適用による場合に比して制限する条項

上記〈ア〉の条項は、このような条項があると、条項使用者は他人を介して履行することにより、何らの責任も負わなくてもよいこととなってしまいかねないものといえます。〈イ〉については、いったん成立した契約を変更する場合は、本来、両当事者の合意があって初めてすることができるはずです。これを、条項使用者が一方的に変更できるとしてしまうと、相手方は契約を締結したにもかかわらず、それを守ってもらえるかどうか分からないという状況となってしまいます。〈エ〉ないし〈カ〉についても、直ちに無効であるとして反証を許さないとするほどのものではありませんが、相手方に

とって不利益となることが想定される条項といえるでしょう。そこで法は、「不当条項ではない」ということを条項使用者が立証して初めて当該条項を有効なものとすることができるとしたのです。

③ 消費者契約に関する不当条項

消費者契約について、不当条項と「みなされる」条項の例は、以下の通りです（基本方針【3.1.1.35】）。

（例）
〈ア〉事業者が、合理的な必要性がないにもかかわらず、消費者に対する当該契約上の債権を被担保債権とする保証契約の締結を当該契約の成立要件とする条項
〈イ〉消費者の事業者に対する抗弁権を排除または制限する条項
〈ウ〉消費者の事業者に対する相殺を排除する条項
〈エ〉債権時効期間につき、債権時効の起算点または期間の長さに関して、法律の規定による場合よりも消費者に不利な内容とする条項
〈オ〉〔甲案〕当該契約に基づき支払うべき金銭の全部又は一部を消費者が支払期日（支払回数が2以上である場合には、それぞれの支払期日。以下同じ。）までに支払わない場合における損害賠償の額を予定し、または違約金を定める条項であって、これらを合算した額が、支払期日の翌日からその支払をする日までの期間について、その日数に応じ、当該支払期日に支払うべき額から当該支払期日に支払うべき額のうち既に支払われた額を控除した額に年14.6パーセントの割合を乗じて計算した額を超えるもの超える部分
〔乙案〕何も定めない。

消費者は、通常、事業者と比べて必ずしも法的な知識が十分ではないと考えられますから、不当条項についても、できるだけ分かりやすく表示をすることが望まれます。そこで基本方針は、消費者契約のみに適用される不当条項についても、具体的な例をあげることとしました。上記は、書かれている

だけで不当条項と「みなされる」リストです。

〈ア〉は、例えば、契約について既に十分な物上保証を行っているにもかかわらず、これに加えて連帯保証人などの保証契約を要求することなどが挙げられます。

基本方針は、【3.1.3.50】で、債権者と債務者が合意により債権時効の起算点と時効期間を定めることを提案しています。しかし、消費者と事業者との間の契約においてこの合意がされる場合、例えば事業者が負うべき債務について非常に短い時効期間を設定されてしまうと、消費者が不当な不利益を生じる可能性があります。そこで、消費者との関係では、法定の期間よりも消費者に不利な時効期間の定めは無効にすべきであるとしたのです。

〈オ〉については、2つの案が提示されています。甲案は、消費者契約法第9条第2項の規定を民法に入れようとするものです。

④ 不当条項の効力

最後に、消費者契約について、不当条項と「推定される」条項の例は、以下の通りです（基本方針【3.1.1.36】）。

（例）
　〈ア〉契約の締結に際し、前払い金、授業料、預かり金、担保その他の名目で事業者になされた給付を返還しないことを定める条項　ただし、本法その他の法令により事業者に返還義務が生じない部分があるときは、それを定める部分については、消費者の利益を信義則に反する程度に害するものと推定されない。
　〈イ〉消費者が法律上の権利を行使するために事業者の同意を要件とし、または事業者に対価を支払うべきことを定める条項
　〈ウ〉事業者のみが契約の解除権を留保する条項
　〈エ〉条項使用者の債務不履行の場合に生じる相手方の権利を任意規定の適用による場合に比して制限する条項
　〈オ〉消費者による債務不履行の場合に消費者が支払うべき損害賠償の予定ま

たは違約金を定める条項　ただし、当該契約につき契約締結時に両当事者が予見しまたは予見すべきであった損害が事業者に生じているときは、その損害額を定める部分については、消費者の利益を信義則に反する程度に害するものと推定されない。
　〈カ〉〔甲案〕当該契約に基づき支払うべき金銭の全部又は一部を消費者が支払期日（支払回数が2以上である場合には、それぞれの支払期日。以下同じ。）までに支払わない場合における損害賠償の額を予定し、または違約金を定める条項　ただし、当該契約につき契約締結時に両当事者が予見しまたは予見すべきであった損害が事業者に生じているときは、その損害額を定める部分については、消費者の利益を信義則に反する程度に害するものと推定されない。
　　　〔乙案〕何も定めない。

　上記〈ア〉で定める「給付」とは、具体的には賃料の前払い、又は専門学校等の授業料の前払いなどが想定されます。〈ウ〉については、契約の当事者に解除権を留保させる文言を付けること自体には問題がないのですが、この留保を事業者のみに認めるということになると、消費者だけが不利益を被る可能性がありますので、不当条項と推定されることとなりました。
　〈エ〉は若干分かりづらいのですが、事業者に故意や重大な義務違反による債務不履行があるような場合に、事業者の損害賠償責任を制限することを認めない趣旨で提案されました。故意や重大な義務違反でない場合につき、消費者の権利を制限することは許容されるとされています。
　〈オ〉は、消費者契約法第9条第1項と同趣旨の定めとなっています。もっとも、消費者契約法第9条第1項では事業者の平均的な損害の額を超える部分が無効とされているのに対し、本提案は、条項の有効性は当該契約について個別に判断されることとしています。
　〈カ〉の条項は、基本方針【3.1.1.35】の〈オ〉の甲案に対応するものです。なお、約款のみについての不当条項のリストは提案されていません。

（2） 今後の対応

　法務担当者は、不当条項について周到に準備をしておく必要があります。これまでに使用してきた約款や消費者相手の契約の内容を見返して、不当条項のリストに該当するようなものがないかを一つひとつ確認していくという作業が求められます。該当するものがある場合、無効となることを見越して削除するか、他の条項で目的を達成することができないか、等を検討しなければなりません。また、不当条項であることが「推定される」のみである場合は反証できるだけの材料があるかについて確認し、そうでない場合は無効になることを前提とした対策をとる必要があります。

　さらに、上記のリストに該当しない条項がある場合も、「約款または消費者契約の条項［(個別の交渉を経て採用された消費者契約の条項を除く。)］であって、当該条項が存在しない場合と比較して、条項使用者の相手方の利益を信義則に反する程度に害するものは無効である。」という一般条項がありますから、すべての条項について、これに該当しないかを一応検討しておくべきといえるでしょう（基本方針【3.1.1.32】〈1〉）。また基本方針は、当該条項が、「相手方の利益を信義則に反する程度に害しているかどうか」の判断にあたっては、「契約の性質および契約の趣旨、当事者の属性、同種の契約に関する取引慣行および任意規定が存する場合にはその内容等」を考慮することとしています（基本方針【3.1.1.32】〈2〉）。この判断は非常に困難ですが、リストに記載がない条項についても上記のような観点から注意を払うという姿勢を持つことが重要になると思われます。

第3節 法定利息

（1） 変動金利制の採用

　法定利息に関わる基本方針の提案の骨子は、現行民法において採用されている固定金利制を廃止して変動金利制を採用し、それをもって経済環境の変化へ対応すること、特に市場金利との連動を確保しようというものです（基本方針【3.1.1.48】〈1〉〈3〉）。具体的な金利の指標は公定歩合が想定されているようです。

　また、短期の利率と長期の利率を定めるべきことも提案されています（基本方針【3.1.1.48】〈2〉）。これは、特に人身損害の場合に、長期にわたる逸失利益の算定が問題となっていることから、中間利息の基礎となる利率は長期の利率を用いることが望ましいとの考慮によるものです。

　基本方針においては、以上のような概要の提案にとどまっており、具体的な条文案を提示していません。これは、変動金利制を採用する場合、細部について検討を要する事項が残されているためで、具体的には、(i)基準金利をどう取るか、(ii)基準金利との連動の方式をどうするのか、(iii)基準金利の変動をどのタイミング、周期で取り込むのかといった点が今後の検討課題となっています。

（2） 不明な点が多い？

　具体的な変動金利制の内容については不明であるものの、現在の法定利率が高過ぎるのは明らかですから、改正は避けられないものと思われます。法定利率の如何は、法的紛争すべてについて関わってくると言っても過言ではありません。非常に重要な提案であり、今後の動向を注視する必要があるでしょう。

第4章 債務不履行による損害賠償

第1節 過失責任主義の否定

（1） 過失責任、危険負担、原始的不能

　従来、債務不履行というのは、履行不能、不完全履行、履行遅滞を指し、そうなるに至ったことの過失が債務者にあれば債務者は賠償責任を負い、過失がなければ賠償責任を負わないという仕組みを採用してきました。

　この仕組みは、債務不履行となった事情が債務者の「責めに帰すべき事由」にあたるか否かという点に集約されることになっていました。しかし、事実上債務者がこの帰責事由の無いことを主張しても、認められることはほとんどありませんでした。つまり、過失責任主義は事実上機能していませんでした。その理由は、そもそも、自分には過失がないから責任はないという主張自体が不当な言いがかりである場合が多いからといえるかもしれません。

　そこで基本方針では、過失責任主義をやめて、それに代わり、債務者が引き受けていた債務につき責任を負わせるという形をとることにしました（基本方針【3.1.1.63】）。過失責任主義をやめるというのは、結果責任を負わせるという意味ではなく、債務が履行されないリスクを、債務者が契約時に負うことを約束した範囲で、債務者が負担することとするという意味です。

> 【3.1.1.62】（債務不履行を理由とする損害賠償）
>   債権者は、債務者に対し、債務不履行によって生じた損害の賠償を請求することができる。
>
> 【3.1.1.63】（損害賠償の免責事由）
> 〈1〉 契約において債務者が引き受けていなかった事由により債務不履行が生じたときには、債務者は【3.1.1.62】の損害賠償責任を負わない。
> 〈2〉 債務者が【3.1.1.54】または【3.1.1.55】に定められた抗弁権を有しているときには、債務者は【3.1.1.62】の損害賠償責任を負わない。

　もっとも、この「引き受けたか、引き受けていないか」は、実際には紛争の種となることが予想され、どういう場合に引き受けがあって、どういう場合には引き受けがないのかについての解釈の積み重ねに依存するところも多いと思われます。しかし、この概念を用いると、今まで使用してきた区別をせずとも、色々な場面で対応できるようになります。

（2）　具体的にどうなるのか

　例えば、中古自動車を買ったがブレーキに不調があったとする場合、これまでであれば特定物である中古車の売買であり、中古車は引き渡したのだから、瑕疵担保責任のみが問題となるという考え方をとることになっていましたが、基本方針に従いますと、そもそも債務者はブレーキが不調でない中古車の売買を引き受けたのですから、債務不履行だという枠組みで考えることが可能となります（瑕疵担保責任については、本書第4編第2章を参照）。

（3）　不可抗力の抗弁はなくなるのか

　例えば、先程の中古自動車の売買契約を締結し、納車前に洪水で滅失してしまったような場合、従来は危険負担と考えられていましたので、債権者主

義が適用され、買い主が対価を支払う必要があるのが原則でしたが、基本方針では、洪水で滅失したとしても、自動車を引き渡す義務までは債務者は引き受けていなかったと言えば、免責されるということになりそうです。

　もっとも、ここでいう「洪水」のような、いわゆる従来不可抗力といわれてきた事由は、契約で引き受けていない事由と同じだと考えればすっきりするのではないかという意見もあるでしょう。確かに、洪水のような異変はほとんどの契約においては当事者が予想していない事由であり、予想すべき事由ともいえないので、債務者が契約で引き受けていなかった事由に含まれるというべきでしょう。しかし、従来の意味での不可抗力は、上記のように、天変地異のような極めてまれな異変であって、しかも当事者の意思とは無関係なものと理解されてきたため、当事者の予測を基礎とする基本方針の「契約において債務者が引き受けていた事由」とは根本的に相容れない概念なのです。そのため、誤解を避けるために、この用語はあえて用いられていないのです。

　先の洪水の例でも分かるように、基本方針に従うと、危険負担制度が不要となります。従って、危険負担制度が廃止されます。危険負担制度がなくなるとどうなるのかについては、次章で扱うことにします。

　さて、先程の中古自動車ですが、その中古自動車が、実は契約の前の日に洪水で滅失してしまっていた場合、従来は、契約の目的物が存在しないので契約は原始的無効であると考えられてきました。しかし、基本方針では、存在しない自動車を引き渡すことは契約の内容として引き受けられていなかったと解することで、債務者は免責されることになります。

　このように、過失責任主義の廃止と「引き受けていなかった事由」による債務者の免責の制度の導入により、制度が明確化することは確かです。

（4）　手段債務と結果債務

　また、従来手段債務と言われていた委任債務等の債務では、元々契約の内

容次第でその債務の内容が決まり、その内容は過失における注意義務と同義のものと考えられてきていたことからすると、無過失による免責がそもそも存在していなかったということができます。例えば、医者が治療をする場合を考えてみましょう。医者が間違った薬を投与してしまったとか、誤った部分を手術してしまったとかそういう場合には、本来注意して治療を行うべき義務に違反したので責任を負うという形で医者の責任が認められてきたのです。そこには、無過失だから免責されるというロジックが入り込む余地はなく、代わりに医者にそこまで要求するのは酷な事情がある場合には医者は免責されると判断されてきたのです。この手段債務における従来の考え方は、まさに、「契約により債務者が引き受けていた事由」に従って治療をすることが求められているのと同じことになります。こう考えると、基本方針の発想が必ずしも突拍子もないものではないことが分かると思います。

（5） 今 後

このように、「契約で引き受けた事由」を債務者の責任の発生事由の核とする発想は、これまでの裁判の蓄積を意識した、野心的かつ現実的な試案であるということができます。しかし、現実には、「債務者が何を引き受けていたか」が非常に重要で、それは結局当事者意思の判断ということになり、それが後日争いの核心となることになります。そのため、予め詳細に引き受け事項を決めておこうという傾向が生じると思います。結局どの程度厳格に運用されるかにかかっているのですが、当事者の意思を明確にする必要ということ自体は重要度が増すことと思われます。その結果、契約の詳細化が進むように思います。

第2節 | 損害賠償の範囲

（1） 従来の議論

従来、債務不履行により損害が発生したというためには、不履行の行為と損害との間に相当因果関係が必要だとされてきました（民 415）。そして、相当因果関係は、不履行時に通常予測し得た損害（通常損害）と債務者が特に予想し得た損害（特別損害）とに分けて、それぞれの損害について相当因果関係があると考えてきました（民 416 参照）。

（2） 基本方針でどう変わるか

しかし、基本方針では、この通常損害や特別損害という概念をやめ、契約時に予見した、又は予見すべきであった損害について、債務者が責任を負うという形にしたのです（基本方針【3.1.1.67】）。

【3.1.1.67】 （損害賠償の範囲）
〈1〉 契約に基づき発生した債権において、債権者は、契約締結時に両当事者が債務不履行の結果として予見し、または予見すべきであった損害の賠償を、債務者に対して請求することができる。
〈2〉 債権者は、契約締結後、債務不履行が生じるまでに債務者が予見し、または予見すべきであった損害についても、債務者がこれを回避するための合理的な措置を講じたのでなければ、債務者に対して、その賠償を請求することができる。

実際、CISG やユニドロワなどの条約では、契約時に予見可能性のあった損害のみが債務者が賠償すべき損害であるという規定が定められています。確かに、契約時の損害の予見はなかなか難しいという批判もあるかと思いま

すが、契約を重視する基本方針の考え方からすると、むしろリスクは契約の内部で織り込んで考えるべきだということになります。そして、契約後債務不履行時までに債務者が予見すべきであった損害についても、損害回避義務を債務者に負わせることによって、契約後の債務者にも責任を負わせようとしています。これらのことから基本方針は、契約に強い拘束力を認めることで、契約主義ともいうべき一つの価値の確立を目指しているとも考えられます。

　このように契約の当事者の義務を強化する発想に立つと、当然、債権者にも同様の義務を課すことが必然だと考えられます。これまでは、損益相殺や過失相殺で当事者の公平を解釈により図ってきたのですが、それを明文化することにしました。そこで、債権者が合理的な措置を取っていれば損害を軽減できた場合には、損害額を減額することを認め、債権者が損害軽減のために費用を費やした場合には、その費用を債務者に請求できるとしたのです（基本方針【3.1.1.73】）。

【3.1.1.73】　（債権者の損害軽減義務）
〈1〉　裁判所は、債務不履行により債権者が被った損害につき、債権者が合理的な措置を講じていればその発生または拡大を防ぐことができたときは、損害賠償額を減額することができる。
〈2〉　債権者は、債務者に対し、損害の発生または拡大を防止するために要した費用の賠償を、合理的な範囲で請求することができる。

　以上のように、契約当事者間の義務を強化することで、逆にいえば、安易に契約関係に入ることは危険を伴うということさえいえると思われます。従って、契約関係に入る際には、その内容をよく吟味し、その後の損害の可能性まで検討した方がいいということになります。

　もちろん従前から、信義則に基づく債権者の保護義務や付随義務もありましたし、債務者の通常損害や特別損害の判断基準が大きく変化するとも思え

ませんので、基本方針における契約当事者の義務の強化が、当事者に契約関係に入る際の考え方の大きな変化を促すことになることまで意図していたとは思えません。しかし、信義則や類推解釈というやり方ではなく、明文からこういう義務を認めていくことになれば、実務的な影響は皆無とはいえないと思われます。

なお、契約を重視するという考え方からいうと、何ら契約関係のない者同士で起こる不法行為については、このような考え方は当てはまりません。そこで、基本方針では、不法行為については保護義務の範囲での賠償責任を規定することにしています（基本方針【3.3.02】）。

> 【3.3.02】（損害賠償の範囲）
> 　契約上の債務の不履行以外の理由による損害賠償の場合には、当該損害賠償責任を基礎づける規範が保護の対象としている損害およびその損害の相当の結果として生じた損害が賠償される。

（3）　填補賠償の考え方

従来、損害賠償は、債務不履行の形態に従って認められてきました。履行遅滞の場合の損害賠償、不完全履行の場合の損害賠償、履行不能の場合の損害賠償と三類型があったのです。

しかし、このうち、債務が履行されれば得られるはずであった利益の全部が履行に代わる損害賠償とされるのは、解除される場合か、もしくは履行不能の場合のみでした（填補賠償）。つまり、填補賠償の範囲は限定されてきたと言うことができます。これは、填補賠償が債務の履行の転化したものであるという理解から、履行請求ができる限り、填補賠償請求は認めないという論理的な帰結を表したものということができます。

しかし、基本方針では、債務者が履行拒絶の意思を明確にしたのであれ

ば、履行期の前後を問わず填補賠償を認めるべきであると考え、債権者が履行請求権と填補賠償請求権をいずれも行使できるという規定としました。履行遅滞があるだけでも、履行請求をして履行がされなければ填補賠償を認めるという効果を認めることとしたのです。基本方針では、特定物の交換契約のような場合に意味があると指摘しています。もちろんその通りですが、債務不履行の三類型（履行遅滞、不完全履行、履行不能）の区別にそれほどの合理性がないという理解を背景に有し、不完全な履行というもの全般の新しい定義付けを試みているものともいえるのではないでしょうか（基本方針【3.1.1.65】〈1〉参照）。

【3.1.1.65】（履行に代わる損害賠償）
〈1〉 債権者は、次の各号に掲げる事由が生じたとき、【3.1.1.62】のもとで、債務者に対し、履行に代わる損害の賠償を請求することができる。
　〈ア〉 履行が不可能なとき、その他履行をすることが契約の趣旨に照らして債務者に合理的に期待できないとき
　〈イ〉 履行期の到来の前後を問わず、債務者が債務の履行を確定的に拒絶する意思を表明したとき
　〈ウ〉 債務者が債務の履行をしない場合において、債権者が相当の期間を定めて債務者に対し履行を催告し、その期間内に履行がされなかったとき
　〈エ〉 債務を発生させた契約が解除されたとき
〈2〉 履行に代わる損害賠償請求権の債権時効は、〈1〉〈ア〉から〈ウ〉までについては、【3.1.3.44】〈1〉に定める期間は、各号の定める債務不履行にあたる事実が発生した時から起算され、同〈2〉に定める期間は、右の事実が発生したことを債権者が知った時から起算される。また、〈1〉〈エ〉については、【3.1.3.44】〈1〉に定める期間は、解除の原因となった不履行に当たる事実が発生した時から起算され、同〈2〉に定める期間は、右の事実が発生したことを債権者が知った時から起算される。

第5章 解除と危険負担

第1節 解除の要件

(1) 契約の重大な不履行を中心概念とする改正

　基本方針【3.1.1.77】は、解除の発生要件について定めています。大枠としては、無催告解除と催告解除の二元構成をベースとして考えています。この大枠は現行民法と変わらないものでしょう。

　この両者を区別する概念として「契約の重大な不履行」というものが提案されています。「契約の重大な不履行」があった場合にのみ無催告解除ができるというのです。基本方針【3.1.1.77】の〈1〉〈ア〉において、「契約の重大な不履行とは、契約当事者の一方が債務の履行をしなかったことによって、相手方が契約に対する正当な期待を失った場合をいう。」と定めています。「契約の重大な不履行」とは、個別具体的な契約の状況によって定まるものですが、その類型としては、履行不能はもちろんですが、〈イ〉定期行為の場合に履行がなされなかった場合も「契約の重大な不履行」にあたるとされています。

　ここで具体例から、債務不履行に基づく損害賠償との関係について考えてみましょう。AがBに法律書籍100冊を100万円で売る契約を結んだ場合、法律書籍100冊が落雷による大火事によって滅失した場合はどうでしょうか。この場合は、売買契約の目的物が滅失していることから異論なく「契約

の重大な不履行」にあたりますが、落雷による滅失についての危険は引き受けているとはいえないのが通常であることから、損害賠償請求はできないことになるでしょう。

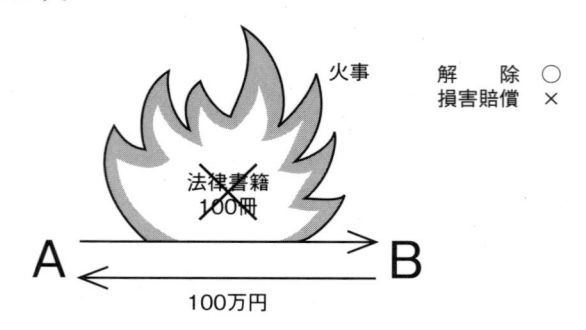

火事　法律書籍100冊
A ← → B
　　100万円
解　除　○
損害賠償　×

もう一つ、具体例をあげて考えてみましょう。CがDから、300万円で日本製の木材で机を製作してほしいという依頼を受け、CD間で請負契約を結んだにもかかわらず、Cがアメリカ製の木材で机を製作してしまいました。この時、日本製の木材の場合と同品質の机が作られた場合、同品質であることから「契約の重大な不履行」であるとはいえませんが、Cが契約で引き受けている事由について不履行があることから損害賠償は請求できることになるでしょう。

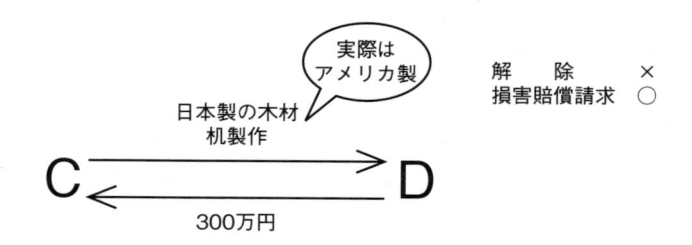

日本製の木材　机製作（実際はアメリカ製）
C ← → D
　　300万円
解　除　×
損害賠償請求　○

対して、催告解除は基本方針【3.1.1.77】〈2〉「催告に応じないことが契約の重大な不履行にあたる」という場合にできます。催告解除においても「契約の重大な不履行」という概念はキーポイントとなるのです。この場合も「契約の重大な不履行」とは何かというのが最大の問題となるでしょう。

原則として債務者が催告に応じなかった場合は、「契約の重大な不履行」にあたるといってよいでしょう。些細な不履行についてのみ排除する趣旨であると思われます。その視点から考えると、基本方針【3.1.1.77】〈1〉と〈2〉の「契約の重大な不履行」は、必ずしも同じものではないのです。

この「催告に応じないことが契約の重大な不履行にあたる」ということを考えるにあたっては、付随義務違反に関する判例（最判昭和43年2月23日、民集22巻2号281ページ）が参考になるでしょう。付随義務違反に関する判例が掲げる要件は、(i)当該不履行の対象となっている義務が重要性を持つかどうか、(ii)その不履行によって当事者の契約をした目的が達成できなくなるか、です。本提案の「契約の重大な不履行」の要件は、この(i)と(ii)からなる枠組みを尊重するものと、民法（債権法）改正検討委員である森田修東京大学教授は述べていることから（大村敦志＝潮見佳男＝森田修＝阿多博文＝佐藤崇「消費者・事業者、履行請求・損害賠償・解除、事情変更（下）」『NBL』No. 918、商事法務、2009、59ページ）、「契約の重大な不履行」の解釈も従来の判例の要件を中心に考えるとよいでしょう。

ここでも具体例から考えてみましょう。

E社はF社に対して、ある機械を製造するためのパーツを500万円で売る契約を結びました。しかし、実際に納品されたパーツはF社が注文したものとは異なっていましたが、ある機械を製造するためには何の支障もきたさないものでした。ところがF社が、ある製品の売れ行きが思わしくないこともあって、パーツの違いにクレームをつけ、催告をし解除を求めてきた場合は、「催告に応じないことが契約の重大な不履行にあたる」といえるでしょうか。

前述の判例に照らして考えてみると、(i)より、パーツが違ってもある製品を製造するためには何の支障もきたさないことから、契約の重大な要素とはいえません。同じく(ii)より、ある製品の製造は可能であることから契約の目的は達成できます。よって、「催告に応じないことが契約の重大な不履行」

にあたらないということができるような思考プロセスを経ると考えられるでしょう。

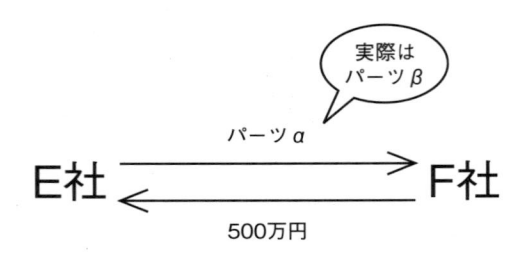

```
                    実際は
                    パーツβ
              パーツα
      E社 ────────→ F社
         ←────────
            500万円
```

　もう一つ具体例を検討しましょう。

　G社がH社にIT設備を開発・調整する契約を500万円で結びました。しかし、H社の事務所は建物の系統や構造からIT設備を開発・調整するには不具合があり事故が発生したため、H社はG社に調整・補修を求めました。G社の対処によって大規模な事故はなくなりましたが、雑音が発生するようになりました。改善するためには追加費用が200万円かかるというので、G社は支払いを求めていますが、H社は解除できるでしょうか。

　この問題は、債務不履行後、当事者がどのような義務を負うかについても関わってくる問題です。今回も、前述の判例に照らして考えてみましょう。ポイントは雑音の根絶をしないことが「契約の重大な不履行」であるといえるかどうかです。(ⅰ)より、雑音がないことが契約の重大な要素といえるかは雑音の程度によります。職務に支障をきたすほどの雑音なら重大な要素といえるでしょう。同様に(ⅱ)より、職務に支障をきたすほどの雑音なら契約の目的を達成するとはいえないので、全体として「催告に応じないことが契約の重大な不履行」にあたるといえるため、解除が可能という結論になると思われます。この点は、裁判所と弁護士の事実認定による部分が大きいため争点となりやすい問題でしょう。

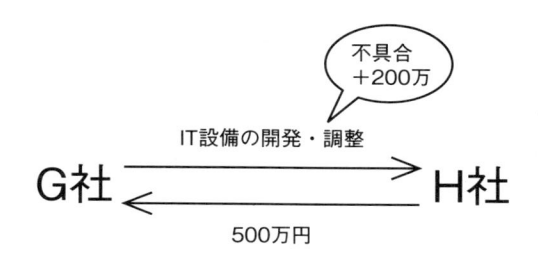

```
                        ┌─────────┐
                        │ 不具合  │
                        │ ＋200万 │
                        └─────────┘
              IT設備の開発・調整
     G社 ────────────────────▶ H社
        ◀────────────────────
                500万円
```

　基本方針の「解除」において特徴的なのは、【3.1.1.77】〈3〉事業者間解除という概念を追加している点です。実体法的には、上記の催告解除との差異はありませんが、「重大な不履行」の立証責任が債務者側に転換されています。これは、事業者間では迅速な取引が要求されるため、解除についての予見可能性を高める趣旨であると思われます。

（2）　提案内容の意図と予想される実務への影響

　まず、無催告解除と催告解除の二元構成をベースとしている意図は、「契約の重大な不履行」をベースとして考える本提案の下でも有用と判断されたからでしょう。

　また、「契約の重大な不履行」を本提案のポイントとした意図は、契約当事者が引き受けた契約利益を中心にして考えるという基本方針全体の考え方が投影されているものと考えられます。

　さらに、事業者間の解除について債務者に立証責任を転換させている点も、消費者契約法の考えを民法に取り込むという基本方針の全体の考えが投影されているといえるでしょう。

　ここで本提案が与える実務への影響ですが、「契約の重大な不履行」の解釈に実務は戸惑うのではないでしょうか。契約当事者の立場の違い、すなわち債権者からしたら「契約の重大な不履行」と思うものも、債務者からしたら「契約の重大な不履行」ではないと思いたがるので、「契約の重大な不履行」に関する争いは多発するのではないかと思われます。

（3） 法務担当者として意識・準備しておくべきこと

　上記の通り、基本方針が提案する解除は、「契約の重大な不履行」というのがキーポイントになっているため、法務担当者は「契約の重大な不履行」とは何かを意識しておく必要があります。

　「契約の重大な不履行」というのは、契約ごとの個別具体的な判断となるため、契約ごとに「契約の重大な不履行」がどのような場合かを想定する必要があります。特に、見落としやすい付随義務が「契約の重大な不履行」にあたるかは、事前の段階で洗い出して契約書に落とし込んでいくと予測可能性が高まり、法務リスクを軽減させることとなるでしょう。この点は十分に留意しておくべきでしょう。

第2節｜解除の障害要件

（1） 新たに整理された解除障害要件

　基本方針【3.1.1.78】は、解除の障害要件について定めています。
　〈1〉では、債務者に基本方針【3.1.1.54】の同時履行の抗弁権、【3.1.1.55】の不安の抗弁権が存在する時は、債権者は解除権を行使することができないと規定しています。この点は、同時履行の抗弁権については現行民法で同様の規定がありますが、不安の抗弁権については新しい規定であるので解除の障害要件としても新しいといえるでしょう。
　〈2〉では、「契約の重大な不履行が【3.1.1.88】の定める債権者の義務の違反によって生じた場合には、債権者は解除することができない。」と定めています。これは、受領義務に違反した債権者に解除を認めることは、いくら「契約の重大な不履行」があるといっても債務者に酷であるため、バランスを図った規定といえるでしょう。解除の要件としては主観的要件で調整し

ていた現行民法と変わらないといえます。

（２）　提案内容の意図と予想される実務への影響

　解除の障害要件については、基本方針において不安の抗弁権が新たに規定されたこと、債務者の帰責事由を解除の要件としていないことから、調整を図る必要が生じたため規定されたものです。

　同時履行の抗弁権、債権者の受領義務違反については、現行民法と変わらない結果になるため実務への影響はないと考えられます。

　一方、不安の抗弁権が解除の障害要件とされている点は現行民法と異なるため、この点について検討します。債務者が不安の抗弁権を有している場合が解除の障害要件にあたるということは、信用不安のある債務者は解除すらできないことになります。これが妥当かどうかはさておき、実務に一定程度の影響を与えることになりそうです。

（３）　法務担当者として意識・準備しておくべきこと

　同時履行の抗弁権が解除の障害要件になることについては従来と変化はないため、法務担当者も意識はしなくてもよいでしょう。

　不安の抗弁権については、信用不安がある相手方に契約の解除をさせないという武器となるとともに、自らが信用不安となっている場合には解除ができなくなるという法務リスクが生じるため、この点については意識しておくべきでしょう。契約書にも「信用不安」とは何かという点を明確にして入れておくと、紛争の予防につながります。

　債権者の受領義務違反については、解除の行使の有無という点に関しては従来と変わらないため、法務担当者もそれほど意識はしなくてもよいですが、契約書が帰責事由を前提としている場合には、文言のみ修正する必要があります。例えば、「重大な不履行」という用語を直接契約書に入れることが考えられるでしょう。

第3節 解除権の行使、不可分性、複数契約の解除

(1) 複数契約の解除という新たな規定

　基本方針【3.1.1.79】は解除権の行使について〈1〉「契約または法律の規定により当事者の一方が解除権を有するときは、その解除は、相手方に対する意思表示によってする。」、〈2〉「〈1〉の意思表示は撤回することができない。」と定めています。これは現行民法第540条を維持するものです。

　基本方針【3.1.1.80】は、解除権の不可分性について〈1〉「当事者の一方が数人ある場合には、契約の解除は、その全員からまたはその全員に対してのみ、することができる。」、〈2〉「〈1〉の場合において、解除権が当事者のうちの一人について消滅したときは、他の者についても消滅する。」と定めています。これは、現行民法第544条を維持するものです。

　基本方針【3.1.1.81】は、複数の契約の解除について定めています。内容としては、「同一当事者間で結ばれた複数の契約の間に密接な関連性がある場合において、一の契約に解除原因があり、これによって複数の契約を締結した目的が全体として達成できなくなったとき、当事者は、【3.1.1.77】に従い、当該複数の契約全部を解除することができる。」と定めています。

　この提案は、条文自体は新しいのですが、考え方は最高裁判決平成8年11月12日（民集50巻10号2673ページ）と同様のものです。改めて判例法理が条文化されたことにより、「密接な関連性」「複数の契約を締結した目的が全体として達成できなくなったとき」とは何かということが問題となります。この点は、今後の判例の蓄積と条文の解釈に委ねられることになるでしょう。

(2) 提案内容の意図と予想される実務への影響

　解除権の行使と解除の不可分性について変更がなかったのは、特に現行民

法に不都合が見出せなかったからでしょう。

　実務への影響も特にないものと思われます。

　複数契約の解除については、判例も認めている通り有用な考え方であるため条文化したものと思われます。実務への影響については未知数であると言わざるを得ませんが、現代社会の契約は2つ以上のものが密接にからんでいるものも多いため、複数契約の解除の利用が多発する可能性があります。複数契約の解除が認められた場合には、2つ以上の契約が同時に解除されることから解除の相手方に与える影響は大きいため、判例が固まるまでは大きな影響を及ぼすかもしれません。

（3）　法務担当者として意識・準備しておくべきこと

　解除権の行使と解除の不可分性については、現行民法からの変更はないため法務担当者も意識する点はないでしょう。

　複数契約の解除については、判例法が条文化された以上、法務担当者も1つの契約の解除事由に巻き込まれて2つ以上の契約が解除されるという法務リスクを意識しておく必要があります。そのためには、2つ以上の契約が関連していないかを洗い出す必要があります。洗い出した結果、判例の蓄積を待たなければならないけれども「密接な関連性」があると思われるものについては、契約書に対処方法を入れ込む等、予め不明確さというリスクを少しでも軽減しておくのがよいのではないでしょうか。

第4節　解除の効果

（1）　基本原則の確認としての明文化

　基本方針【3.1.1.82】は、解除の効果について〈1〉〜〈4〉で次のように定めています。

> 【3.1.1.82】（解除の効果）
> 〈1〉 当事者の一方が、その解除権を行使したときは、当事者はその契約の履行の請求をすることができない。
> 〈2〉 当事者の一方が、その解除権を行使したときは、契約の全部または一部を既に履行している当事者は、相手方に対して、原状回復を請求することができる。ただし第三者の権利を害することはできない。
> 〈3〉 解除権の行使は損害賠償の請求を妨げない。
> 〈4〉 所有権移転を目的とする契約を解除する場合に、目的物が滅失または損傷したときは、当事者は目的物の価額または損傷による減価分について契約上の対価の限度で償還義務を負う。
> 〈5〉 【3.1.1.54】は、〈2〉〜〈4〉の場合について準用する。

　〈1〉は、解除後は、両当事者は履行請求できなくなると定めています。これは現行民法には規定はありませんが、解除の本質的効力を規定したに過ぎないため内容的には変わりはないでしょう。

　〈2〉は、既に履行している部分についての原状回復請求について定めていますが、この点についても現行民法第545条第1項を維持したものです。

　〈3〉、〈5〉についても、それぞれ現行民法第545条第3項、第546条の規定を維持したものであるため現状と変わりはありません。

　〈4〉は、基本方針で新たに規定されたものです。所有権移転を目的とする契約を解除する場合には、契約の当事者が、目的物の滅失・損傷により償還義務を負うというものです。これは当事者が保管義務違反とならない場合についても償還義務を負うものとしている点で意味があります。ただし、新しい条文であることもあり、償還額の算定基準についてはいくつかの考えがあるため、この点についても判例の確立に委ねられているといえます。

（2） 提案内容の意図と予想される実務への影響

　基本方針【3.1.1.82】の〈1〉〈2〉〈3〉〈5〉は現行民法から変更がないことからも理解できるように、解除の効果に関しては現行民法の解釈で特に不都合はないでしょう。そのため、変更もなく実務への影響はないといえるでしょう。

　〈4〉についてですが、この提案が存在しなくとも、従来の民法でも原状回復請求権として実質的に目的物の滅失・損傷部分については償還が認められていたと思われます。従って、この点についても実務への影響は少ないといえます。

（3） 法務担当者として意識・準備しておくべきこと

　本提案については、現行民法・判例法理から変化はないことから、法務担当者が意識しておくことは少ないと考えられます。

第5節｜解除の消滅・行使期間

（1） 解除の行使期間の短縮

　基本方針【3.1.1.83】は、解除権の消滅について定めています。解除権の消滅については、現行民法第547条、第548条の文言を修正して維持するものです。具体的な内容としては、〈1〉催告による解除権の消滅、〈2〉目的物の改造による解除権の消滅、〈3〉目的物の滅失による解除権の消滅という類型を定めています。

> 【3.1.1.83】（解除権の消滅）
> 〈1〉 相手方は、解除権を有する者に対して、相当の期間を定めて、その期間内に解除をするかどうかを確答すべき旨の催告をすることができる。この場合において、その期間内に解除の通知を受けないときは、解除権は消滅する。ただし相手方が、【3.1.1.56】により債務の履行を要せず、かつ【3.1.1.65】による履行に代わる損害賠償の義務も負わないときは、解除権は消滅しない。
> 〈2〉 解除権を有する者が、契約の目的物を著しく損傷しもしくは返還することができなくなった場合、または加工もしくは改造によってこれを他の種類の物に変えた場合において、そのことが契約に照らして解除権者の負う義務の違反とされるときには、解除権は消滅する。
> 〈3〉 解除権を有する者が契約に照らして負う義務の違反によらないで、契約の目的物が滅失し、または損傷したときは、解除権は消滅しない。

　基本方針【3.1.1.84】は、解除権の行使期間について定めています。解除権の行使期間については、現行民法では特に定めを置いていません。しかし、この点については判例によって補充されていました。判例は解除権の行使期間、すなわち時効については解除権の行使が可能となってから10年、商事では5年で消滅時効にかかるとされています。

　本提案は、解除の期間制限については原則として時効の制度に委ねていますが、無催告解除の起算点として、〈1〉で「契約の重大な不履行にあたる事実が発生した時」「解除権者が契約の重大な不履行にあたる事実の発生を知った時」としています。また、催告解除の起算点として、〈2〉「債務の不履行の事実が発生した時」「解除権者が当該債務の不履行の事実を知った時」から起算されるとしています。〈3〉も同様です。

（2）　提案内容の意図と予想される実務への影響

　解除権の消滅についての本提案は、解除の消滅については現行民法で不都

合が見出せなかったことから、文言に多少変更を加えたにとどまり、内容自体に変更は加えていません。

　一点、基本方針の全体的な流れとの関係で【3.1.1.83】の〈2〉〈3〉において「契約に照らして」という文言を使用している部分がありますが、これは基本方針の柱である契約ごとの個別具体的な解決を求めるという考え方を貫いているものといえるでしょう。

　解除権の行使期間の本提案は、従来専ら発生した解除権について、消滅時効の制度に委ねる形で対処されてきました。そのため、【3.1.1.84】〈2〉の催告解除においては債権者が催告しない限りは消滅時効も進行しませんでした。このような状況は、解除権発生前の現行民法第547条の催告が効かない場合に、債務者の保護に欠ける結果を生んでいました。本提案は、以上のような不都合性を解消させる意図で、【3.1.1.84】において「債務の不履行の事実が発生した時」「解除権者が当該債務の不履行の事実を知った時」から起算されるとしています。このことによって、消滅時効の起算点が早まり債務者を保護することを意図しました。

　また、【3.1.1.84】〈1〉の無催告解除については「契約の重大な不履行」を債権者が知った時点としました。このように、「契約の重大な不履行」が発生した時点としなかったのは救済の行使期間を画一的に処理する意図でしょう。

　解除権の行使期間についての実務への影響ですが、催告解除については債務者の保護によりかなうという方向にはいきそうですが、それほど大きな影響を与えるものとはならないでしょう。

（3）　法務担当者として意識・準備しておくべきこと

　解除権の消滅についての本提案は、現行民法を維持していることから法務担当者が特に意識しておくべき点はないでしょう。

　また解除の行使期間についても、多少の変化はあるものの法務担当者が意

識しておくことはそれほどありません。条文として明確化されたことを受けて、対応する契約書の部分について修正を加える程度でしょう。

第6節 危険負担制度の廃止

（1）体系上の整理から消えゆく危険負担

基本方針【3.1.1.85】は、「現民法534条・535条・536条1項は廃止する。」として危険負担制度の廃止を定めています。

現行民法第534条、第535条、第536条第1項は危険負担制度について定めています。危険負担とは、例えば、債権者と債務者が契約を締結し、片方の債権が後発的に不能になり、消滅した場合にもう一方の債権はどうなるかという問題です。言い換えれば、不能によって生じた損失を債権者と債務者のいずれかが負担しなければならないという問題です（この場合には、故意過失は要件となりません）。

現行民法では、債務不履行解除にあたっては故意過失の主観的要件が要求されていますが、基本方針では不要とされています。あくまでも契約の拘束力を中心に考える趣旨だからです。この点に関連して、危険負担制度との体系上の整理が問題となります。すなわち、基本方針では、債務不履行において故意過失という主観的要件が排除されたことにより、履行不能と危険負担とを区別する指針が消滅し、債務不履行解除と危険負担制度の適用場面が重複してしまうことから、理論上・体系上どのように処理しなければならないかが問題となりました。

本提案は、被不履行者の反対債務の帰趨をすべて解除制度の守備範囲とすることで、この重複を解消する策をとりました。すなわち、従来の民法制度の下における危険の移転について、被不履行者が解除できるか否かという点に集約させたのです。結局は、基本方針の解除制度の中核である「契約の重

大な不履行」の有無の判定に従うことになります。

　それに対して、基本方針【3.1.1.86】は、「【3.1.1.78】〈2〉の場合に債務者は、反対給付を請求することができる。」として、債権者に義務違反がある場合の反対給付請求権を定めています。これは、現行民法第536条第2項と同様の規定です。ただし、解除の根本原則が変化したことに伴い、「債権者の責めに帰すべき事由」から、「契約の重大な不履行」に判断基準が変化しているのが特徴です。実際には、現在の判例実務の考え方（最判昭和62年7月17日、民集41巻5号1283ページ等参照）を変更するものではありません。

（2）　提案内容の意図と予想される実務への影響

　危険負担廃止という本提案の意図は、上記のように債務不履行との体系上の整理という理論的問題を解決するためのものです。具体的には、危険負担の問題を反対債務の存続か自動債権の消滅かという形で危険負担制度によって処理する現行民法のやり方をやめて、債権者がその意思により選択することで反対債務の消長を決する解除制度に委ねることにしたものに他なりません。例えば、従来からの問題で、履行過程の中のある時点において危険の移転時をどこにおくかというものがありました。本提案では、この場合の処理は解除権の行使が可能かどうかという観点に集約されることになります。

　基本方針策定の議論の中では、次のような反対意見が出ていました。「対価危険の移転の問題の処理を危険負担制度によってではなく解除制度に委ねることが、提案の体系上は適切であり理論的に可能であるとしても、それはこれまで慣れ親しんできた思考方法を捨て、まったく別の構成の下で処理することになって、わかりにくいので、よほどの実際上のメリットがなければ引き合わないとするもの」です（「消費者・事業者、履行請求・損害賠償・解除、事情変更（下）」（前掲）61～62ページ）。これに対し、森田教授は、「しかし、この点でまず考えていただきたいことは、現民法の危険負担の解釈論がはたしてわかりやすいのか、ということです。従来、まず現民法534条の守

備範囲を解釈によって現民法536条と仕分ける、その上で534条の適用についてはさらに、所有権移転法理の助けを持ち出して制限解釈を施して、債務者主義の領域を確保するという解釈論がとられてきました。しかしこういう現民法の危険負担の解釈論は、法律家にとっては慣れ親しまれてきたものであるとしても、それ自体は必ずしも『国民にとってわかりやすい』とはいえないのではないですか？」と述べています（「消費者・事業者、履行請求・損害賠償・解除、事情変更（下）」（前掲）62ページ）。

　この場合の実務への影響ですが、「債権者には、自ら負う債務の消滅を主張するためには、自らの債権の目的たる給付の不能を立証するという現在の危険負担制度の下で行っている主張・立証だけでなく、解除の意思表示という一手間が必要になるわけですけれども、この負担のちょうど裏側といたしまして、債権者がこの場面でなお契約の存続を選択できるというメリットがあります。つまり、債権者が契約の存続に利益を有している場合、たとえば具体的には、自ら負う債務の履行をして、相手方にその給付を引き取らせることに利益を有している場合や、不能となった給付に保険がつけられているときなどで債権者に代償請求権が認められる場合は、債権者は存続を選択することにメリットがあり、その場合には、解除の意思表示に委ねるということが意味を持ってまいります。」と森田教授は述べています（「消費者・事業者、履行請求・損害賠償・解除、事情変更（下）」（前掲）62ページ）。

　確かに、従来の危険負担制度の下では反対債権は当然に消滅するという扱いでしたが、今後は債権者が自らの債務を消滅させるか否かの選択ができるというのは債権者・債務者の双方にとってメリットでしょう。危険負担制度から解除の変化に慣れれば、有用な制度であると考えられます。

（3）　法務担当者として意識・準備しておくべきこと

　上記のような実務への影響が生じることから、従来の危険負担の問題となる利益状態が生じる場合が、解除にすべて集約されるということを法務担当

者は頭に入れておかなければならないでしょう。その際に、債権が消滅したことと併せて自己の債務まで解除により消滅させるかについても、法務担当者としてはパターン化して対処法を検討しておくべきでしょう。

　予めパターン化ができるなら、「重大な契約の不履行」の意義とともに、解除ができるかどうかの条文を契約書に記載することも検討するべきでしょう。

第6章 契約の清算他
（無効・取消・債権・事情変更・受領遅滞・同時履行の抗弁権・不安の抗弁権・追完・代償請求権）

第1節 無効一般について

（1） 一般市民でも容易に理解できる無効を目指して

　基本方針【1.5.47】は法律条項の一部無効について定めています。現行民法は、法律行為に含まれる条項の一部が無効となる場合に、当該条項のすべてが無効になるかどうかについて明文の規定を置いていませんが、基本方針は、この点について新たに明文の規定を提言するものです。具体的内容としては、柱書本文において、原則は条項の一部分のみが無効になると定めています。そして、例外として4つの場合について全体が無効になる場合を定めています。

【1.5.47】（法律行為の条項の一部無効）
　法律行為に含まれる特定の条項の一部が無効となる場合、その部分のみが無効となる。ただし、以下の各号に該当する場合には、当該条項はすべて無効となる。
　〈ア〉　法令に特別の定めがあるとき
　〈イ〉　当該条項の性質から他の部分の効力を維持することが相当ではないと認められるとき
　〈ウ〉　当該条項が約款の一部となっているとき（法令に特別の定めがある場合を除く）

> 〈エ〉 当該条項が消費者契約の一部となっているとき（法令に特別の定めがある場合を除く）
>
> * この提案のうち、〈ウ〉〈エ〉については、約款および消費者契約の不当条項規制を定める部分において繰り返すという考え方や、これらをその部分に移して、この提案からは削除するという考え方もありうる。

　基本方針【1.5.48】は、無効な条項の補充について定めています。現行民法には、法律行為の一部が無効になった場合に法律行為全体の効力が維持されるかについての規定が置かれていませんが、本提案は、この点について規定するものです。具体的には、まず当事者の仮定的な合理的意思、次に慣習、その次は任意規定、最終的には信義誠実の原則に従って無効となった部分を補充します。

> 【1.5.48】 （無効な条項の補充）
> 　法律行為の一部が無効とされ、その部分を補充する必要があるときは、当事者が当該部分の無効を知っていれば行ったであろう内容により、それが明らかでないときは、まず慣習により、慣習がないときは任意規定により、これらによることができない場合には、信義誠実の原則に従って、無効となった部分を補充する。

　基本方針【1.5.49】には、法律行為の一部無効についての規定が置かれています。現行民法は、条項も法律行為全体に効力を及ぼすかについては規定をおいていません。そこで基本方針は、原則として法律行為の一部が無効になった場合にはその部分のみを無効とし、例外として、契約から考える当事者の合理的意思が、一部が無効であればその法律行為をしなかったと考えられるなら、その法律行為の全てが無効となります。

> 【1.5.49】 (法律行為の一部無効)
> 　法律行為の一部が無効とされるときでも、法律行為の他の部分の効力は妨げられない。ただし、一部が無効であるとすれば、当事者がそのような法律行為をしなかったであろうと合理的に考えられるときは、法律行為全部が無効となる。

　基本方針【1.5.50】は、複数の法律行為の無効について定めています。この点も現行民法には規定はありませんが、「複数の法律行為の間に密接な関連性がある場合」には、1つの法律行為が無効になる場合に、その法律行為が無効であるとすれば当事者はその他の法律行為をしなかったであろうと合理的に考えられる場合には、関連する法律行為も無効になると定めています。

> 【1.5.50】 (複数の法律行為の無効)
> 　複数の法律行為の間に密接な関連性がある場合において、一の法律行為が無効となり、当該法律行為が無効であるとすれば、当事者がこれと密接に関連する他の法律行為をしなかったであろうと合理的に考えられるときは、他の法律行為も無効である。

　基本方針【1.5.51】は、無効な法律行為の効果について定めています。現行民法では、法律の一般原則から無効な行為が行われた場合についてはその行為は法律行為としての効力を有さないため、履行を求めることもできません。また、既に履行してしまった場合は、現行民法第703条、第704条により、その回復を求めることができます。基本方針も、内容については〈1〉で、「法律行為の当事者は、無効な法律行為に基づいて、その債務の履行を求めることができない。」として、無効な法律行為によっては債権は発生せず、その履行を請求できないことを定めています。〈2〉は、法律行為が無効

であるにもかかわらず事実上履行がなされた場合には給付した利益の返還が可能である旨を定めています。〈3〉は、「〈2〉の場合において、相手方が受領した利益そのものを返還することができないときは、相手方はその価額を返還する義務を負う。」とし、給付そのものを返還することができない場合に、その価額返還義務を規定する原則的規定を定めています。現行民法でも第703条、第704条による不当利得の原則論によって現物相当額の価額賠償を請求することは可能ですが、基本方針は明文でこの点についても明確に規定しました。〈4〉は、法律上の原因がないことを知らずに給付を受領したものについて返還義務の縮減を求めるものであり、現行民法第703条の利得減少の抗弁と同様です。〈5〉は、双務契約又は有償契約については、〈4〉の利得減少の抗弁の適用がないことを明らかにし、〈3〉の価額返還請求権を行使できるということを規定しています。ただし、この場合、自らは利得減少の抗弁を行使できるのに、相手方は行使できないという不均衡を招く可能性があるので、ただし書によって、無効であることを知らなかったものについては自己が支払った対価ないし自己が支払うべきであった対価を限度として認められるとしています。

【1.5.51】（無効な法律行為の効果）
〈1〉 法律行為の当事者は、無効な法律行為に基づいて、その債務の履行を求めることができない。
〈2〉 法律行為の当事者が、無効な法律行為に基づいて履行したときは、相手方に対して履行した給付の返還を求めることができる。
〈3〉 〈2〉の場合において、相手方が受領した利益そのものを返還することができないときは、相手方はその価額を返還する義務を負う。
〈4〉 〈2〉〈3〉の場合において、相手方が法律行為が無効であることを知らずに給付を受領したときは、相手方は利益が存する限度において返還する義務を負う。
〈5〉 〈4〉の規定は、法律行為が双務契約または有償契約であった場合には適用

> しない。ただし、法律行為が無効であることを知らずに給付を受領した者は、当該法律行為に基づいて相手方に給付し、または給付すべきであった価値を限度として〈3〉の価額返還義務を負う。

　基本方針【1.5.52】は、無効行為の追認について、〈1〉「無効な行為は、当事者の追認によってもその効力を生じない。」、〈2〉「当事者がその行為が無効であることを知って追認をしたときは、新たな行為をしたものとみなす。」と定めています。現行民法第119条を切り分けて規定しているものです。

（2）　提案内容の意図と予想される実務への影響

　基本方針の提案内容と現行民法とでは内容についての取り扱いの変化はありません。しかし、現行民法が、法律行為の条項の無効、無効な条項の補充、法律行為の無効、複数の法律行為の無効、無効な法律行為の効果について、法律の一般原則に基づいて処理をしたり、現行民法第703条、第704条によって処理するとされていることは、法律の専門家でない一般市民にとっては容易に理解しがたいものでした。

　そこで、本提案によって、法律行為が無効であるということの意味を一般市民でも容易に理解できるように規定し、その条項の無効の範囲・無効な法律行為の及ぶ範囲を具体的に規定しています。さらに、無効な法律行為に基づくと債権は発生せず、履行も請求できないこと、無効であれば受領した給付を返還する必要があることを明らかにしています。

　基本方針による実務への影響ですが、内容自体には変化がないため、それほど影響はないと思われます。しかし、基本方針の全体を貫く理念である、一般市民にも理解しやすい法律という意味では、一般市民に対して一定の法的素養を付けさせる効果はあるのかもしれません。

（3） 法務担当者として意識・準備しておくべきこと

　基本方針は、無効行為一般についての内容自体には変更を及ぼすものではないため、この点に関しては法務担当者は意識しなくてもよいでしょう。ただ、無効に関しての規定が整備されたことにより、この規定を道具として契約書を作成すると、より実情にマッチした契約書を作ることもできるので、このような意識を持っておくとよいでしょう。

第2節　取消一般について

（1）　分かりやすく整備された取消制度

　基本方針【1.5.53】は、取消権者の範囲について定めています。取消原因については、基本方針で定められているように、意思無能力者の法律行為、錯誤、断定的判断に基づく法律行為、困惑等と様々です。このような多数ある取消原因についても、取消権者については、基本方針は一律に定めました。また、現行民法は取消の対象を意思表示であるか法律行為であるか明確に区別していませんが、基本方針は取消の対象が法律行為であると明確に規定しています。

　基本方針【1.5.54】〈1〉は、「取り消された行為は、初めから無効であったものとみなす。」というように、取消の効果が遡及的無効であることを定めています。現行民法第121条を整理したものであり内容自体に変化はありません。

　基本方針【1.5.55】は、取り消しうる行為の追認について「取り消すことができる行為は、【1.5.53】に規定する者が追認したときは、以後、取り消すことができない。」と定めています。これに加え現行民法第122条は「ただし、追認によって第三者の権利を害することはできない。」とただし書を

おいていましたが、無用な規定であることについては学説上争いがないため削除した上で整理されています。

基本方針【1.5.56】は、取消し及び追認の方法について定めています。これは、現行民法第123条と同様、相手方に対する意思表示によってなされるものです。

> 【1.5.56】（取消し・追認の方法）
> 　取り消すことができる行為の相手方が確定している場合には、その取消しまたは追認は、相手方に対する意思表示によってする。

基本方針【1.5.57】は、追認の要件について定めています。本項は、〈1〉で追認の要件を(i)「取消しの原因となっていた状況が消滅し」、(ii)「追認権者が取消権を行使しうることを知った後」、と規定しています。現行民法第124条第2項が、(ii)の要件を成年被後見人に限定していましたが、本提案では成年被後見人に限らず、一般的な要件として定めています。また、〈2〉については、現行民法には、制限能力者が法定代理人の同意を得て自ら同意をする場合についての規定がなかったことから、この点についての規定を補充したものです。

基本方針【1.5.58】は、法定追認について定めています。現行民法第125条は、法定追認について1〜6号まで定めていますが、本提案は学説で認められている事由を加えて8つを列挙しました。そのうち、〈イ〉「履行の全部または一部の受領」については、相手方から「履行の全部または一部の受領」があればもはや取り消すことができないとするのは酷であるという反対意見もあるため、この点はさらなる検討がなされるでしょう。

第6章　契約の清算他（無効・取消・債権・事情変更・受領遅滞・同時履行の抗弁権・不安の抗弁権・追完・代償請求権）

【1.5.58】　（法定追認）

【1.5.57】により追認をすることができる時以後に、取り消すことができる法律行為について次に掲げる事実があったときは、追認をしたものとみなす。ただし、異議をとどめたときは、この限りでない。

〈ア〉　全部または一部の履行
〈イ〉　履行の全部または一部の受領
〈ウ〉　履行の請求
〈エ〉　更改
〈オ〉　担保の供与
〈カ〉　担保の受領
〈キ〉　取り消すことができる法律行為によって取得した権利の全部または一部の譲渡
〈ク〉　強制執行

＊　〈イ〉の「履行の全部または一部の受領」については、削除するという考え方もありうる。また、〈カ〉の「担保の受領」についても、なお検討の余地がある。

　基本方針【1.5.59】は、取消権の行使期間について定めています。現行民法第126条は、取消の行使期間を「追認をすることができる時から5年間」「行為の時から20年を経過したとき」と定めていますが、これらの期間はあまりに長過ぎ実情にあっていないという考慮から、基本方針では追認することのできる時から3年、行為の時から10年と短縮されています。

（2）　提案内容の意図と予想される実務への影響

　取消についての本基本方針の意図は、規定の整合性を図るという意図が大きいと思われます。このように、現行民法では不明確になっている部分について明確性を持たせることによって、一般市民が理解しやすい民法を実現し

ようとしています。

　実務への影響についてですが、取消に関しては、内容はほとんど変わらないのであまり影響はないでしょう。唯一、取消の行使期間については影響が多少ある可能性があります。具体的には、取消をするか否かの選択ができる期間が短縮されたことから、従来と比較して迅速な意思決定が求められることになります。

（3）　法務担当者として意識・準備しておくべきこと

　取消については、内容はほとんど変わらず、実務への影響もほとんどないのは前述の通りであるので、法務担当者が意識しておくべき点はほとんどないでしょう。

　ただ、取消権の行使期間については短縮されているので、他の時効の期間とともに頭に入れておくとよいでしょう。

第3節｜債権の効力について

（1）　当たり前のことを明文化してより分かりやすく

　基本方針【3.1.1.53】は、債権の請求力について定めています。これは、現行民法第414条と同様の考えに基づいて規定されたものであるため、現行法に変化を加えるものではありません。

　基本方針【3.1.1.60】は、債務の履行について第三者を使用することができ、その第三者がした行為を債務不履行の際の債務者本人の行為と同視できることを定めています。第三者の考え方は民法では規定されていなかったものの判例では、履行補助者の故意過失として認められているため、内容自体は現行法理から変更するものではありません。

（2） 提案内容の意図と予想される実務への影響

債権の請求力と第三者の履行については現行民法と変わらず、明文化されたことによる影響は少ないと考えられます。

（3） 法務担当者として意識・準備しておくべきこと

影響はあまりないことから、この点については特段意識しておかなくても大丈夫でしょう。

第4節 | 事情変更の原則

（1） 明文化された事情変更の原則

基本方針【3.1.1.91】では事情変更の要件について、【3.1.1.92】では事情変更の効果について、以下のように提案しています。

【3.1.1.91】 （事情変更の要件）
〈1〉 契約締結に当たって当事者がその基礎とした事情に変更が生じた場合でも、当事者は当該契約に基づいて負う義務を免れない。
〈2〉 ただし、事情の変更が次の要件を満たすときは、当事者は【3.1.1.92】の定める請求をすることができる。
　〈ア〉 当該事情の変更が、契約当事者の利害に著しい不均衡を生じさせ、または契約を締結した目的の実現を不可能にする重大なものであること
　〈イ〉 当該事情の変更が、契約締結後に生じたこと、かつ
　〈ウ〉 当該事情の変更が、契約締結時に両当事者にとって予見しえず、その統御を越えていること

【3.1.1.92】 （事情変更の効果）
〈1〉 事情の変更が【3.1.1.91】〈2〉の要件を満たすときは、当事者は契約改訂

のための再交渉を求めることができる。当事者は再交渉の申出を遅滞なく行わなければならない。

〈2〉 再交渉の申出がされたとき、相手方は、交渉に応じなければならない。

〈3〉 両当事者は再交渉を信義に従い誠実に行わなければならない。

〔甲案〕

〈4〉 当事者が〈2〉または〈3〉に定められた義務に違反したことにより、または再交渉を尽くしたにもかかわらず、契約改訂の合意が成立しない場合には、当事者（ただし〈2〉または〈3〉に定められた義務に違反した者は除く）は、

〈ア〉 裁判所に、当該契約の解除を求めることができる。ただし、〈イ〉に従い裁判所により契約改訂が合理的と認められる場合はこのかぎりでない。裁判所は、解除を認めるに際して、当事者の申し出た適切な金銭的調整のための条件を付すことができる。

〈イ〉 裁判所に、改訂案を示して契約の改訂を求めることができる。裁判所は、当該改訂案の内容が変更した事情および契約に照らして合理的であると判断するときにかぎり、当該改訂案に基づいて契約の改訂を命じることができる。ただし、裁判所は、両当事者から求められた改訂案の内容がいずれも合理的であると判断するときは、より合理的であると認める改訂案に基づいて契約の改訂を命じることができる。

〔乙案〕

〈4〉 当事者が〈2〉または〈3〉に定められた義務に違反したことにより、または再交渉を尽くしたにもかかわらず、契約改訂の合意が成立しない場合には、当事者（ただし〈2〉または〈3〉に定められた義務に違反した者は除く）は、

〈ア〉 裁判所に、当該契約の解除を求めることができる。裁判所は、解除を認めるに際して、当事者の申し出た適切な金銭的調整のための条件を付すことができる。

〈イ〉 裁判所に、改訂案を示して契約の改訂を求めることができる。裁判所は、当該改訂案の内容が変更した事情および契約に照らして合理的であると判断するときに限り、当該改訂案に基づいて契約の改訂を命じることができる。ただし、〈ア〉に従い裁判所により契約解除が認められる場合にはこの限りでない。なお、裁判所は、両当事者から求められた改訂案の内容がいずれも合理的であると判断するときは、より合理的であると認める改訂案に基

づいて契約の改訂を命じることができる。

　事情変更の要件については、基本的には判例と学説の共通理解が得られていることから、本提案でもそのまま条文化された形となっています。
　事情変更の要件を満たすかは未知数ですが、事例を類型化して考えてみましょう。
　まずは、経済的不能の場合です。例えば、AはBに対して、石油10トンを1億円で売買する契約を結びましたが、契約後に中東の経済情勢の変化により石油価額が2倍の価額となってしまい、Aの調達は採算が全くとれないものとなってしまった、という場合です。

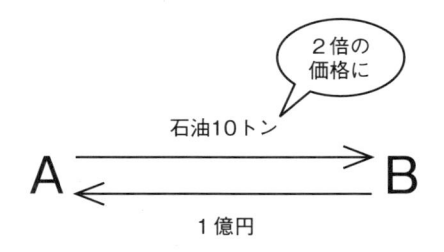

　次は、等価関係が破壊されている場合です。例えば、CがDに不動産を3,000万円で売るという契約を結びました。不動産と代金の引き渡しは1ヵ月後になされる予定でしたが、契約から1週間後に不動産の周辺の地域開発がなされることが決定し、不動産の価額が3倍に高騰した、という場合です。

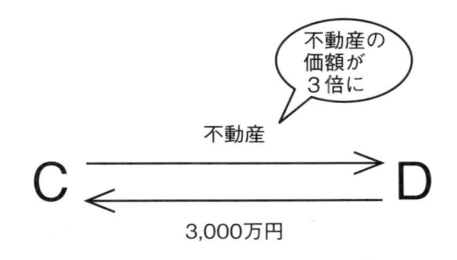

最後は、目的不達成の場合です。EがFにある製品を製造するのに必要な部品100個を100万円で売るという契約を結びました。しかし、ある製品は行政による規制で開発が事実上不可能となってしまい、その部品は、ある製品の製造以外には使えない、という場合です。

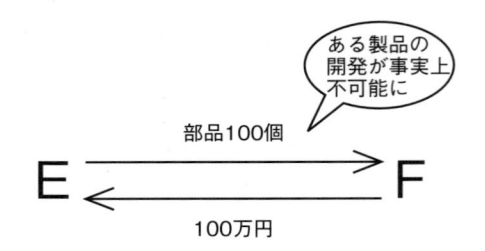

```
                ある製品の
                開発が事実上
                不可能に
        部品100個
    E ────────→ F
      ←────────
        100万円
```

　以上3つのパターンは、基本方針【3.1.1.91】の事情変更の要件に当てはまる場合の典型パターンであると考えられるので、一度考えてみるとよいでしょう。

　事情変更の効果については、基本方針【3.1.1.92】において解除、契約の再交渉請求権、契約の司法改訂請求権が提案されています。

　事情変更の要件は判例において提示されているものの、事情変更を認めた判決は最高裁には見当たらず、効果については判例上も未知数でした。この点において、現行民法上存在しない再交渉請求権、契約の司法改訂請求権を認めている点が、本提案の特徴といえます。契約の司法改訂請求権は、裁判所に妥当な解決を求めることから、裁判所に過度の負担を及ぼす可能性があります。そこで、司法改訂請求権の位置付けについての議論は未だ白熱している段階であるため、今後の議論に委ねられることになるでしょう。

（2）　提案内容の意図と予想される実務への影響

　事情変更の原則の要件については、現行裁判例の下では要件は厳しく、ほとんど認められていません。しかし、現実に事情変更の原則が条文で認められることになれば、経済社会が急激に変化している現代社会においては、事

情変更の原則もより認められる可能性があります。

　また、契約の解除、再交渉請求については、訴訟上の権利として認めることになるため、このような形態の訴訟も一定程度生じることが予想されます。これらは、現状においては当事者間で協議によって変更されてきましたが、法律の要件として規定されてしまったことにより逆に、協議による解決が減少し、現状が悪化するのではないかという危惧もあります。しかし、事情変更の原則は判例法上早い段階から確立されており、要件的な枠組みについては昭和の時代から共通的な理解が得られていたものであるため、一般市民にもわかりやすい民法を目指す本改正の趣旨からすると、明文化すべきとの意図が優先したのでしょう。

（3）　法務担当者として意識・準備しておくべきこと

　契約の前提である経済状況が大きく変化した場合において、既存の契約が改訂される可能性があることを、リスクとして法務担当者は意識しておかなければならないでしょう。

　また、事情変更が民法の一般原則として規定され、法務リスクの一種に昇格するという改正提案の内容から、予め契約の相手方と事情変更の要件について協議し、契約書に盛り込むべきであることも必要となってくるでしょう。

第5節　受領遅滞

（1）　内容が明確になった受領遅滞

　基本方針【3.1.1.87】では、債務者の履行停止権を定めています。これは、受領遅滞が生じた場合に、債務者側で正当化される権利として定めたものと考えられます。現行民法第413条が「遅滞の責」としか定めていないた

め、この点を明確にしたものともいえます。

　また、同項は、増加費用の債権者負担、債務者の保管義務の軽減、受領遅滞をした債権者の解除権の制限・同時履行の抗弁権の制限についても定めていますが、これは現行判例法理・学説の考えを明確化したものです。

　さらに、基本方針【3.1.1.88】は、受領義務違反に基づく損害賠償請求権について「債権者が受領義務その他信義に従い誠実に行動する義務を負う場合において、債権者がこの義務に違反したとき、債務者は、債務不履行に関する規律に従い、債権者に対して損害賠償を請求することができ、また、債務を発生させた契約を解除することができる。」と定め、基本方針【3.1.1.89】は受領強制について「契約において債権者が履行を受領することを合意していたとき、債務者は、債権者に対して、受領を強制することができる。」と定めています。いずれも個別具体的事情から信義則によって判断されることになります。

　以上より、同基本方針の特徴は、現行民法の曖昧な文言を解消し、現行判例法理・学説の考えを明文化した点にあるといえます。

（2）　提案内容の意図と予想される実務への影響

　提案内容の意図は、受領遅滞の効果の明確化にあることから、法律の内容・運用自体は従来と変わらず、実務への内容自体の影響はありません。

　ただし、効果が明確化されたことにより、もはや「債権は、あくまで権利であって義務ではない」というような悠長なことはいってはいられなくなりました。債権者も受領する義務を負うという時代の到来です。受領しないということが許されていた時代は終わったのです。

（3）　法務担当者として意識・準備しておくべきこと

　受領遅滞の効果が明確な形で明文化されたことにより、受領させるということに対する権利意識がより芽生える可能性があります。

この点を、法務リスク又はリスク軽減策として明確に意識していかなければなりません。具体的には、契約書等にも、この点を明確にした条項等を入れていくのが最終的なリスク管理につながっていくでしょう。要は、何が受領なのか、どういう場合に受領すべきであるのかをできる限り詳細に取り決めておくのがよいでしょう。

第6節　同時履行の抗弁権と不安の抗弁権

（1）　不安の抗弁権が明文化

　基本方針【3.1.1.54】は、同時履行の抗弁権について「双務契約において、債権者が債務者に対して債務の履行を請求したとき、債務者は、債権者が反対債務の履行を提供するまで、自己の債務の履行を拒むことができる。ただし、反対債務が履行期にない場合は、この限りでない。」と定めていますが、この内容は現行民法第533条と変わりはありません。

　基本方針【3.1.1.55】は、不安の抗弁権について定めています。具体的には、〈1〉で契約締結後に債務者に信用不安が生じた場合に、自己の債務の履行を拒むことができると定めています。また、契約締結時に債務者に信用不安が生じていたことを債権者が知らなかった場合についても、同様の利益状態が生まれていることから、〈2〉でそのような場合についても、自己の債務の履行を拒むことができると定めています。具体的には以下の通りです。

【3.1.1.55】　（履行請求と不安の抗弁権）
〈1〉　双務契約において、債権者が債務者に対して債務の履行を請求したとき、債務者は、債権者の信用不安に伴う資力不足その他両当事者の予期することができなかった事情が契約締結後に生じたために反対債務の履行を受けることができなくなる具体的な危険が生じたことを理由に、自己の債務の履行を拒むこ

とができる。ただし、債権者が弁済の提供をした場合または相当の担保を提供した場合は、この限りでない。
〈2〉〈1〉に掲げた事情が契約締結時に既に生じていたが、債務者がこのことを合理的な理由により知ることができなかった場合も、〈1〉と同様とする。

　不安の抗弁権は、現在まで学説上議論されていたことであり、考え方としては特段新しいものではありませんが、新たに不安の抗弁権として、(i)原則、(ii)担保を提供した場合の例外、(iii)契約締結時、(iv)債務者の信用不安の状況、をパターン化した点が特徴であるといえるでしょう。

（2）　提案内容の意図と予想される実務への影響

　同時履行の抗弁権に関しては、現状と変わりがないため実務への影響はないと考えられます。

　現在の経済状況においては、信用不安はどの業界、どの会社においても起こり得る事項です。このような経済状況下においては、不安の抗弁権を行使する状況に出くわすことが多いと思われるので、不安の抗弁権が権利として明確に規定されたことからも、訴訟内、外での主張が増大することが予想されます。

（3）　法務担当者として意識・準備しておくべきこと

　不安の抗弁権が明文化されたことにより、不安の抗弁権が権利として行使される回数は増加すると思われます。「信用不安に伴う資力不足」というのが、どの程度のことを指しているのかは今後の判例の蓄積に委ねられます。ただし、判例法理が確立されるまでは、不安の抗弁権が自己の履行拒否の理由として安易に使用される可能性もあるので、この点を法務リスクとして捉えるべきです。この法務リスクを意識して契約書を作成したり、不安の抗弁権が行使された場合の対処法について、社内でも検討を加えたりしておくべ

第7節 追完

（1） 不完全履行解消のための追完へ

　基本方針【3.1.1.57】は、「不完全履行」の場合に救済される手段として追完請求権を規定しています。「不完全履行」とは、物の給付を目的とする契約において、その物が備えるべき性能、品質、数量を備えていない場合（基本方針【3.1.1.05】（瑕疵の定義））の他、役務提供契約における債務者が契約上の義務を尽くしたとはいえない場合を広く包含するものです。

　追完請求権の内容は、原則として契約の内容によって定められます。「不完全」さを解消させるための手段は契約によって様々であるからです。具体的には、修補請求権、代物請求権、追履行請求権、再施工請求権等が考えられます。

　具体的事例から考えてみましょう。

　まず、AがBに対して精密機械を100万円で売ったが、雑音が鳴るという欠陥がある場合については、通常は修補請求権を行使することになるでしょう。そして、Aが修補に応じないなら「追完を債務者に請求することが、契約の趣旨に照らして合理的には期待できない」（基本方針【3.1.1.57】〈3〉）といえることになるため、BはAに対して損害賠償請求をすることになるでしょう。しかし、欠陥が直せないものなら、最初から「追完を債務者に請求することが、契約の趣旨に照らして合理的には期待できない」といえるため、最初から追完に代わる損害賠償請求権を行使することになります。

　また、CがDに対して書籍を1,000円で売るという契約を結んだ場合で、書籍に落丁があった場合はどうでしょうか。この場合は、わざわざ落丁部分をつなぐというのはCにとって手間がかかるものであるし、Dも落丁本の

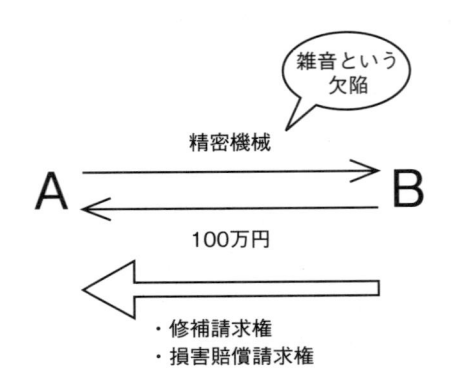

```
         雑音という
          欠陥
      精密機械
  A ―――――――→ B
    ←―――――――
        100万円
    ⇐═══════════
      ・修補請求権
      ・損害賠償請求権
```

落丁を埋めることを求めているのではなく、あくまでも完全な本を求めているのであるから、代物を渡すことで足りるので、代物請求権を行使するのが実情にあっているといえるでしょう。

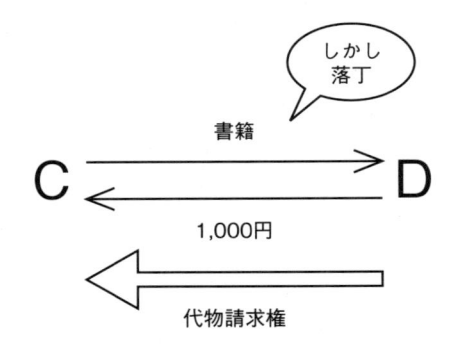

```
         しかし
          落丁
        書籍
  C ―――――――→ D
    ←―――――――
        1,000円
    ⇐═══════════
       代物請求権
```

　また、基本方針【3.1.1.58】は、追完権を規定しています。追完権というのは、上記の追完請求権を裏から債務者の権利として規定したものです。現行民法では、追完権に関する規定はなく、新たに設けられた規定です。この規定は、催告解除（基本方針【3.1.1.77】〈2〉）の催告の要件を債務者側から規定したものです。すなわち、〈1〉〈ア〉「債務者が、なすべき追完の時期および内容について、不当に遅滞することなく通知すること」、〈イ〉「通知された追完の時期および内容が契約の趣旨に照らして合理的であること」、

〈ウ〉「債務者が追完をなすことが債権者に不合理な負担を課すものでないこと」と、追完権の要件を定めていますが、このような要件は「契約の重大な不履行」でない場合に行使できるということを指しているのに他ならないと考えられます。「契約の重大な不履行」に至らない場合が不完全履行であり、不完全履行の場合に債権者は催告、追完請求権を行使でき、反対に債務者は同様の場合に追完権を行使できるのです。

具体的事例で考えてみましょう。

EがFに対して運送用のトラックを1,000万円で譲渡しましたが、トラックのエンジンには欠陥があり、運送という目的を達成することはできません。しかし、Fはエンジンに欠陥があるにもかかわらず、催告も追完請求権も行使しようとしません。このような場合は、Eは追完権を行使することになるでしょう。その具体的な内容として、Eにエンジンの修補をする技術があれば、修補をするものとして問題はないと思われます。基本方針【3.1.1.58】〈イ〉「契約の趣旨に照らして合理的」であるといえるからです。しかし、Eにエンジンを修補する技術がない場合は、代物を提供することになるでしょう。

また、上記場合においては期間が重要な要素となります。仮に、1週間以内にトラックを必ず使用するというならば、1週間以内に修補する技術が必要なのです。それが不可能なら代物を調達するしかないでしょう。それも不

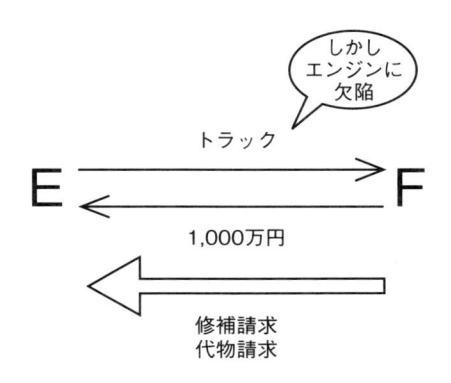

可能なら、そこで初めて「契約の重大な不履行」となるのではないでしょうか。

（2） 提案内容の意図と予想される実務への影響

本提案は、契約の履行のプロセスの中で、「不完全な履行」がなされた場合の、契約の完全履行の具体的手段として位置付けられています。現代社会では様々な契約類型が存在することもあり、契約履行の内容も様々であるため、追完請求権、追完権が行使された時に、その内容の適正さについても問題にされる可能性が高いため、新債権法成立後の判例には注目すべきでしょう。

（3） 法務担当者として意識・準備しておくべきこと

法務担当者としては、「不完全履行」の場合を出来る限り具体化して、契約書にその場合の自身及び契約の相手方の追完の内容について規定すべきです。今一度、この契約が何を目的として、何を約束しているかを見直す機会となるのではないでしょうか。

第8節｜履行不能と代償請求権

（1） 当たり前のことも明文化

基本方針【3.1.1.56】は、履行請求をできない場合とは、「履行が不可能な場合その他履行をすることが契約の趣旨に照らして債務者に合理的に期待できない場合」であると定めています。この点は、現行民法における履行不能の解釈と変わりがないものと思われます。

基本方針【3.1.1.59】は、履行を請求することができない場合において、履行不能となったものと同一の原因で債務者が利益を得た場合は、代償の価

値が目的物の価値を上回らない限度で、債権者は代償請求することができると定めています。この点も、現行民法には直接的な規定はないものの、第536条第2項後段に同様の考えがみられ判例も認めているため、考え方自体に変更はありません。

> 【3.1.1.59】（代償請求権）
> 　債務者の下で【3.1.1.56】に定める事由が生じた場合において、債務者がこれと同一の原因により履行の目的物に代わる利益または権利（以下、代償という。）を得たとき、債権者は、代償の価値が目的物の価値を上回らない限度で、債務者に対し、代償の移転を請求することができる。

（2）　提案内容の意図と予想される実務への影響

　履行不能については現行民法からの変化はないため、実務への影響はないと考えられます。
　代償請求権については、明確な規定が導入されることにより、一般的に行使される可能性があります。

（3）　法務担当者として意識・準備しておくべきこと

　代償請求権についても、今後の行使の可能性があるので、要件効果を意識し、契約書にも盛り込んでおくのが望ましいでしょう。

第3編

債権の回収等

第1章 責任財産の保全
―債権者代位権と詐害行為取消権

第1節 │ 責任財産の保全とは

　債権者にとって、債権の回収が滞った場合の最後の拠り所は、債務者が有する財産です。従って、債権者はこの債務者の一般財産について重大な関心を有することになります。この債権の引き当てとなる債務者の一般財産を責任財産といいます。

　債務者が有する一般財産は、債務者が自らの意思で自由に処分できるのが原則です。

　しかしながら、例えば、債務者が一般財産がほとんどない状況で、唯一の財産として第三者に対して貸金債権があるにもかかわらず、債務者が第三者に対する債権回収をしないまま放置しているような場合や、債権者を害する目的で親族に対する贈与をして責任財産を減少させた場合には、債権者は一定の要件の下で、債務者の権利に介入して、責任財産を保全することが民法上認められています。

　こうした責任財産の保全には、債権者代位権（民423）と詐害行為取消権（民424）の2つの方法があります。本章では、この2つの制度に関する基本方針の提案内容について説明します。

第2節 債権者代位権

（1） 債権者代位権とは

　債権者代位権とは、債務者が第三債務者に対して有する権利を、債権者が債務者自身に代わって行使する（代位する）権利のことです。現行の民法第423条以下に規定されている制度です。

　例えば、AはBに1,000万円を貸し付けており、BもCに対し1,000万円貸し付けているとします。しばらくして、AのBに対する債権の履行期が到来したにもかかわらずBが資金繰りに窮して倒産寸前になったとします。AとしてはBがCから1,000万円を回収して、Aに対する借金返済に充ててほしいところです。しかし、BはCから債権を回収しようとせず、このままでは債権が消滅時効にかかる可能性もあります。そこでAがBのCに対する1,000万円の債権をBに代位して行使し、直接Cから債権を回収することを認めたのが債権者代位権です。この場合のAを代位債権者、Bを債務者、Cを第三債務者といいます。

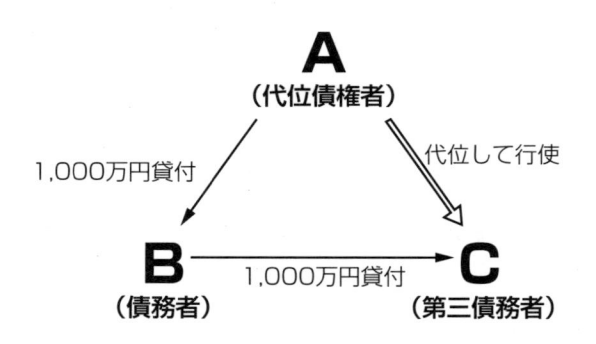

```
              A
         （代位債権者）
         ↙        ⇘
  1,000万円貸付    代位して行使
       ↙              ⇘
      B ──1,000万円貸付──→ C
   （債務者）        （第三債務者）
```

（2） 債権者代位権に関する提案内容

　基本方針【3.1.2.01】には、債権者代位権の行使の要件として、2つの要

件が規定されています。〈1〉の〈ア〉「債務者がその負担する債務をその有する財産をもって完済することができない状態にあるとき（債務者が当該権利を行使しないことによって当該状態となる場合を含む。）」と〈イ〉「債務者に属する当該権利を行使することを当該債権者が債務者に対して求めることができる場合において、債務者が当該権利を行使しないことによって、債権者の当該債権の実現が妨げられているとき」です。基本方針では、一般責任財産保全型（〈ア〉の場合）と個別権利実現準備型（〈イ〉の場合）の2類型を設け、それぞれの要件を明らかにしています。一般責任財産保全型の債権者代位権の行使については、債務者が無資力であるという要件を明文化しています。個別権利実現準備型の債権者代位権の行使については、債務者が権利を行使しないことによって、債権者の債権の実現を妨げている場合であり、かつ、債権者が債務者に対し、当該債権者の当該債権の実現のために、代位の対象となる債務者の当該権利の行使を求めることができる場合であることを要件としています。「債務者に属する当該権利を行使することを当該債権者が債務者に対して求めることができる場合」とは、例えば不動産の転売において、買い主が売り主に対し、自らに登記を移転するため、その前提として、まず前持主に対する登記請求権を行使し、その上で自分に登記を移転するように求めることができる場合を想定しています。例えば、不動産がAからBに売却され、その後BからCに売却されたとします。しかし、不動産の登記がA名義のままになっている場合、Cとしては、BのAに対する登記移転請求権を行使し、その上で、Cに登記を移転することになります。このような場合が債権者代位権の個別権利実現準備型にあたります。

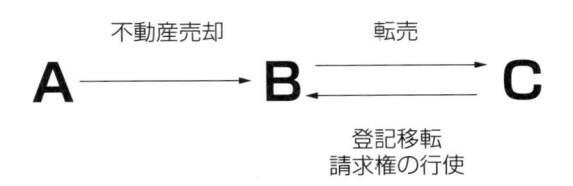

基本方針【3.1.2.05】〈3〉は、「〈2〉は、相手方が債務者に対し弁済することを妨げない」と規定します。このように、債権者が訴訟を提起した場合であっても、これにより相手方（第三債務者）は、債務者に対して弁済をすることができると規定されています。債権者代位権を債務者の責任財産の保全のための制度だとすれば、これにより相手方から債務者に対して弁済がなされるという本来的な形に結果としてなるのであれば、これに対して文句を言う理由は債権者にもないため、相手方が債務者に対して弁済をすることも妨げないというべきではないかということになります。そこで、このような提案内容になりました。

第3節 詐害行為取消権

（1） 詐害行為取消権とは

　詐害行為取消権とは、債務者が債権者を害することを知って行った法律行為を、債権者が、一定の要件の下に取り消すよう裁判所に請求することができる権利です。現行の民法第424条以下に規定されている制度です。

　例えば、債務超過状態にある債務者Bと、Bに対する債権を有している債権者Aがいたとします。Bには先祖伝来の土地以外にめぼしい財産がなく、Aへの債務が弁済できなくなると認識しながらも、先祖伝来の土地を守るため、親戚のCに贈与してしまったとします。この贈与により、Bの財産は減少してしまい、このままではAは自分の債権を回収できなくなってしまいます。このような場合、Aは、法律の要件を満たせば、Bが行ったCへの贈与契約を詐害行為取消権によって取り消し、土地をBに返還させ、改めてこの土地を差し押えて競売にかけ、その競売代金から債権を回収することができるというのが詐害行為取消権です。この場合のAを取消債権者、Bを債務者、Cを受益者といいます。

第1章 責任財産の保全―債権者代位権と詐害行為取消権

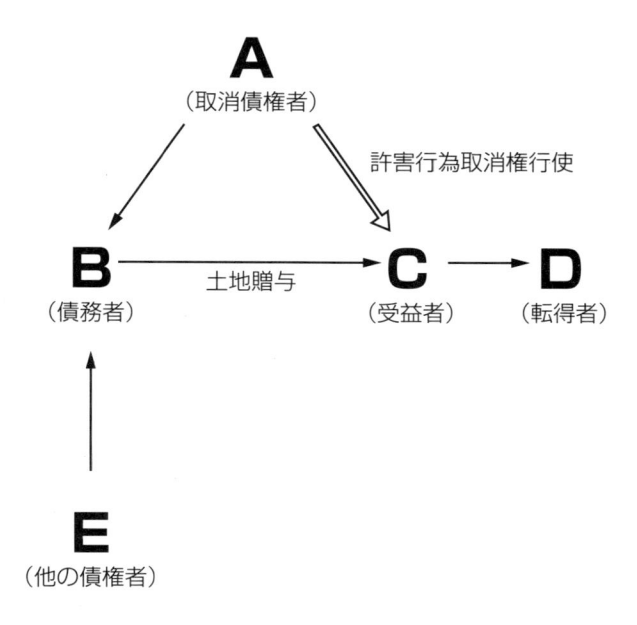

```
           A
        (取消債権者)
         ↙    ↘ 詐害行為取消権行使
        ↙      ↘
      B ──土地贈与──→ C ──→ D
   (債務者)        (受益者)  (転得者)

      ↑
      │
      E
   (他の債権者)
```

（2） 詐害行為取消権の提案内容

　基本方針【3.1.2.08】は、「債権者は、その債務につきその財産をもって完済することができない状態にある（当該行為によりこの状態となる場合を含む。）債務者が債権者を害することを知ってした行為の取消し（以下「詐害行為取消し」という。）を裁判所に請求することができる。」と規定し、詐害行為取消権行使の要件について、一般条項を定めるとともに、債務者が無資力であるという要件を明文化しています。

　基本方針【3.1.2.09】は、「【3.1.2.08】の詐害行為取消しの請求は、債務者の当該行為によって利益を受けた者（以下「受益者」という。）がその行為の時において債権者を害すべき事実を知らなかったときは、することができない。」と定め、詐害行為取消権行使の要件として、受益者の悪意があることを規定しています。

111

基本方針【3.1.2.10】は、「【3.1.2.08】にかかわらず、次に掲げる行為については、詐害行為取消しを請求することができない。」と規定し、詐害行為取消権の対象とならない行為を定めています。この点について、債権法改正の基本方針では、2つの案（甲案、乙案）が提案されています。甲案では、〈ア〉「財産権を目的としない行為」、〈イ〉「債務の履行その他の債務の消滅に関する行為。ただし、次の場合を除く。〈ⅰ〉期限前の弁済その他の非義務行為たる債務消滅行為であって、かつ、債務者と受益者たる債権者とが通謀してその債権者だけに優先的に債権の満足を得させる意図で行った場合、または〈ⅱ〉過大な代物弁済の場合」、〈ウ〉「担保の供与。ただし、債務者が、既存の債務についてした、債務者の義務に属しない行為であって、かつ、債務者と受益者たる債権者とが通謀してその債権者だけに優先的に債権の満足を得させる意図で行った場合を除く。」と規定し、乙案では、〈ア〉「財産権を目的としない行為」、〈イ〉「債務の履行その他の債務の消滅に関する行為（過大な代物弁済を除く。）」、〈ウ〉「担保の供与」と規定しています。甲案、乙案、いずれも〈イ〉で、本旨弁済は基本的には取消対象にならないことを規定しています。

基本方針【3.1.2.11】〈1〉は、「【3.1.2.08】にかかわらず、債務者が、その有する財産を処分する行為をした場合において、その行為の相手方から相当の対価を取得しているときは、その行為については、次に掲げる要件のいずれにも該当する場合に限り、詐害行為取消しを裁判所に請求することができる。」とし、さらに〈ア〉「当該行為が、不動産の金銭への換価その他の当該処分による財産の種類の変更により、債務者において隠匿、無償の供与その他の債権者を害する処分（以下「隠匿等の処分」という。）をするおそれを現に生じさせるものであること。」、〈イ〉「債務者が、当該行為の当時、対価として取得した金銭その他の財産について、隠匿等の処分をする意思を有していたこと。」、〈ウ〉「相手方が、当該行為の当時、債務者が〈イ〉の隠匿等の処分をする意思を有していたことを知っていたこと。」と規定していま

す。不動産の相当対価の処分については【3.1.2.11】〈1〉ア、イ、ウの3つの要件を満たす場合だけ取消しができるとされました。これについては、相当対価での不動産の処分がなぜ詐害行為取消権の対象になるかというと、不動産は、存在さえ判明すれば隠匿しようがありません。しかし、現金になってしまうと、不動産よりも隠匿することが容易になり、債権者にとっては不利になることから、不動産を金銭に換価する行為も詐害行為であると説明されてきました。そうであれば、隠匿するというおそれがあって、かつ相手方がこれを知っている場合だけは詐害行為取消しができるようにすればよいということから、このような提案内容となりました。

基本方針【3.1.2.12】は、「【3.1.2.08】の詐害行為取消しの請求は、債権者の有する債権が次に掲げる要件のいずれかに該当する場合には、当該債権を基礎としては、することができない。〈ア〉債権が、取消しの対象となる債務者の行為がなされた後に、発生したものであるとき。〈イ〉債権が、強制力のない債権であるとき。」と規定します。取消債権者の債権の要件として、(i)詐害行為より前に債権が成立していた債権者であること、及び、(ii)被保全債権の要件という形で、強制力のない債権の場合には、詐害行為取消しの被保全債権としての要件を欠くことを明文化しています。

基本方針【3.1.2.13】は「【3.1.2.09】は、債務者のした当該行為が、無償行為またはこれと同視すべき有償行為である場合には、適用しない。」と規定します。これは、無償行為の場合には、受益者が債権者を害する事実について善意である場合にも、詐害行為取消しができると提案するものです。

基本方針【3.1.2.17】〈1〉は「【3.1.2.16】の場合において、債務者のすべての債権者（受益者を含む。）は、債務者に回復された財産（【3.1.2.16】により債務者が受益者に対して有することとなる請求権を含む。）に対し、民事執行法の規定に従い、強制執行または担保権の実行をすることができる。」と規定し、詐害行為取消権行使により回復された財産に対する権利行使の方法を規定しています。詐害行為取消権の行使によって回復した財産

は、あくまで債務者に返還するというのが原則です。債務者に財産が回復されると、その後、実際の弁済を受けるためには、当該財産についての差押えをしなければなりません。動産などの引き渡しを取消債権者が受けた場合には、基本方針【3.1.2.17】〈4〉が、「取消債権者が受益者から金銭その他の動産の交付を受けたときは、債務者のすべての債権者は、当該動産（または債務者の交付を受けた債権者に対する返還請求権）につき、民事執行法の規定に従い、強制執行または担保権の実行をすることができる。」と規定しています（「すべての債権者」は前図のE）。

基本方針【3.1.2.18】〈1〉は、「転得者を相手方とする【3.1.2.08】の詐害行為取消しの請求は、転得者が転得の時において（転得者からの順次の取得があるときは、すべての転得者がそれぞれの転得の時において）債権者を害すべき事実を知っていたときに限り、することができる。」と規定します（「転得者」は前図のD）。詐害行為取消においては、債務者、受益者、転得者がいずれも悪意であることが必要となり、訴訟においては債務者、受益者、転得者がいずれも悪意であることを債権者が主張立証することが必要であると提案されています（沖野眞已＝小粥太郎＝道垣内弘人＝片岡義宏＝吉本利行「債権者代位権、詐害行為取消権、多数当事者の債権および債務の関係、債権譲渡（上）」『NBL』No. 907、31ページ、沖野発言）。

基本方針【3.1.2.19】は、「詐害行為取消訴訟においては、債務者と、詐害行為取消しによる返還請求等の相手方（受益者または転得者）とを被告とする。」と規定しています。詐害行為取消訴訟は、受益者、転得者のみならず、債務者も被告にしなければならない共同訴訟であるとの提案がされています。

第4節 法務担当者として意識・準備しておくべきこと

債権者代位権、詐害行為取消権、いずれも債務者の責任財産を保全する制

度として、債権回収の一つの手段となるものです。

　金融機関の法務担当者は、債権者代位権は登記の転用事例、詐害行為取消権は債務者の財産隠匿的な贈与行為に対して利用されることが考えられるので、今後も、同様のケースで債権者代位権、詐害行為取消権は利用されていくものと思われることから、改正提案を含め、今後どのような改正内容になるか注視する必要があるでしょう。

　また、金融機関以外の法務担当者も、取引先の資金繰りが悪化し、債権回収が困難になった場合には、取引先の責任財産を保全すべく、債権者代位権、詐害行為取消権を行使する必要性があります。そのような場合に備え、債権者代位権、詐害行為取消権の要件、効果、行使方法について理解し、準備する必要があるでしょう。

第2章 弁済に関する規律

第1節 弁済とは

（1） まずは当たり前のことを明示しつつ

　弁済は、債権が消滅する原因の基本です。現行民法は、このことについて、法律の章立てのタイトルだけで表現しています。つまり、第三編「債権」第一章「総則」第五節「債権の消滅」の中の一番初めの第一款のタイトルを「弁済」とすることで、弁済が債権消滅原因の基本であることを示しているわけです。

　ところが、この「弁済」とタイトル付けされた第一款の一番初めの条文は、いきなり「債務の弁済は、第三者もすることができる。」から始まる第三者による弁済の規定（民474）であり、弁済とは何かに関する説明はおかれていません。当たり前のことは規定しないという現行民法の特徴が端的に表れているといえます。

　これに対して、基本方針では、第3編第1部第3章「債権の消滅等」の一番初めで「債務が履行された場合、債権は弁済によって、消滅する。」との提案（基本方針【3.1.3.01】〈1〉）をおいています。

　当たり前のことを明示的に規定しただけですので、この提案が取引実務等に何か影響を与えるというようなことは特に考えられませんが、この提案の存在は、市民が読むことを前提とした分かりやすい法律を目指すという基本

方針の姿勢をストレートに表しているといえるでしょう（なお、債務者が債権者の預金口座に債務額の金銭の振込みを行うと金銭債務の弁済の効力が生ずるという提案（基本方針【3.2.11.17】〈2〉）が、寄託に関するところでなされています。これも、当たり前のことを明示的に規定するという流れの一つといえるでしょう。ただし、ここでは、振込みを受けて銀行等でなされる入金記帳によって預金債権が成立した時点に弁済の効果が生ずるという形で、当たり前とまでは言い切れないやや踏み込んだ内容も提案されています）。

　他方で、弁済に関する全般的な提案の中でもう一つ特に目を引くものとして、「現民法483条は廃止する。」（基本方針【3.1.3.07】）という提案があげられます。特定物の引き渡しを目的とする債権であれば、引き渡しをすべき時の現状で引き渡せばそれで債務が消滅するという明文の規定がなくなるわけです。

　いわゆる「特定物のドグマ」から脱却して、債務不履行責任を再構成しようとする基本方針の立場（本書199ページ参照）からすれば、この提案はある意味で当然の帰結ということになると思われますが、果たしてこれはどんなことを意味するのでしょうか。

（２）　債権債務の内容の具体的な明示努力が必要に

　既に見てきたように、基本方針では、契約において債務者が引き受けていなかった事由に関しては、債務者が損害賠償責任を負うことはないという形で債務不履行責任が規定されています。

　基本方針では、民法第483条の廃止によって、特定物であればそれを現状のまま引き渡せば事足りるという明文の規定が無くなるわけですが、逆に、当事者間の契約の中で、債務者は目的物を現状のままで引き渡すことだけを引き受けるのだということをきちんと明示することができていれば、契約当事者間の意思の合致によって、民法第483条が存在するのと同様の効果を持つような契約をアレンジすることも可能であるといえるでしょう。

特定物の引渡債務の場合であっても、その具体的な内容については当事者の合意に任せることとしようという基本方針の明確な立場を前提にすれば、契約を締結するにあたっては、常に(i)何らかのトラブルが発生した場合に、債権者としてはどこまでの救済を相手に求め得るのか、(ii)債務者としてはどこまでのことをすれば債務から解放されるのか、といったことを具体的に想定しながら、債権債務の内容を契約の中でできる限り明確に規定していく努力がますます重要になっていくものと考えられます。

　ところで、現行民法の下でも、例えば建物の売買契約等で「現状有姿のまま引き渡す」こと等を債務の内容として定めることが既に一般的であるわけですが、このような文言を契約書に盛り込んでおけば、基本方針の提案のように現行民法第483条が廃止された後でも、特定物（例えば建物）を現状有姿のまま引き渡せば、それで売り主の債務は完全に履行されたものとして安心できるでしょうか。ことはどうもそう単純ではないものと思われます。

　「現状有姿のまま引き渡す」こと等を債務の内容とするいわゆる現状有姿条項というのは、現行民法の下でも、契約締結後引き渡しまでの間に目的物の状況に多少の変動があったとしても、売り主は引き渡し時の状況のままで引き渡す債務を負担しているに過ぎないという趣旨を示すだけであって、売り主がいわゆる瑕疵担保責任を免除されることまで合意されているとは考えられていないのが一般です。基本方針においては、いわゆる瑕疵担保責任という概念はなくなりますが、代わりに、当事者の合意や契約の趣旨等に照らして契約に適合しないような目的物が給付された場合に、買い主に様々な救済手段が用意された形になっています（基本方針【3.1.1.05】及び【3.2.1.16】、本書201ページ参照）。そうだとすると、人が住む目的でそれなりの対価を支払って建物を購入する契約がなされたのであれば、たとえ現状有姿条項が入っていたとしても、その建物に雨漏りがあって雨が降ると普通に住むことができないような場合であれば、基本方針の下では買い主には修補請求や代金減額請求等の救済手段が認められることとなる可能性が十分に

あるでしょう。売り主としてこのようなリスクを限定したいのであれば、単純な「現状有姿のまま」というような文言で済ますのではなく、売買の目的物たる建物が備えるべき性能や品質についてまである程度踏み込んだ引受内容を契約の中で規定していく努力が必要になるものと思われます（なお、このような問題状況については、さらに、瑕疵担保責任の免除や軽減に関する現行の消費者契約法第8条第1項第五号や宅地建物取引業法第40条第1項等の特別法が民法改正に伴ってどのように変更されるか等様々な要素への配慮も必要になってくるものと思われます）。

第2節｜第三者弁済と弁済による代位

（1）　スッキリとした整理を目指す基本方針の提案内容

　弁済に関する規律の中で、債務者以外の第三者が債務の弁済をした場合における元々の債権者、債務者と当該弁済を行った第三者とがどのような関係に立つのかについて規定する、いわゆる第三者による弁済の定めと弁済による代位の定めに関して、基本方針は、現行民法の規定で概念が不明確ではないかとか規律が不合理ではないか等の指摘がされていた点をかなりスッキリと整理しようとする提案をしています。

　具体的には、現行民法では、第三者による弁済は原則としてできるとしつつ（民474①本文）、「利害関係を有しない第三者」は債務者の意思に反して弁済することができないとしています（民474②）。また、弁済による代位については、弁済をした第三者が「弁済をするについて正当な利益を有する者」である時は当然に債権者に代位する（民500）けれども、そうでない場合は債権者の承諾を得た時だけ代位できる（民499）としています。

　このような現行民法の規定については、まず、「利害関係を有しない第三者」が債務者の意思に反して行った弁済を債権者が任意に受領した場合に、

そのような弁済は民法上できないことになっているという理由で債権者は受領した金銭をわざわざ返還しなければならない義務を負う（つまり、債権者には給付保持力がない）というような結論まで導かれると考えるべきなのかどうか、そのような不利益を債権者に強要してまで債務者の意思を尊重すべき必要があるのだろうか、というような疑問が出されていました。このような疑問を解消するため、基本方針では、基本的に「債務者以外の第三者は、弁済をすることができる。」（基本方針【3.1.3.02】〈1〉本文）とした上で、「弁済をするについて正当な利益を有する者以外のものが、債務者の意思に反して弁済をしたとき、第三者は債務者に対して求償権を取得しない。」（基本方針【3.1.3.02】〈3〉）としています。つまり、債務者の意思に反して弁済がされた場合でも、基本的に弁済としては有効で債権者はそれを保持することができるのですが、その場合には当該第三者は債務者に対する求償権を取得できないとすることで、債務者が突然見ず知らずの第三者から過酷な債権取立を受けるというような不利益を被ることがないように手当をした形となっています。

　この、基本方針【3.1.3.02】〈3〉の提案の中では、第三者による弁済が一定の制約を受ける場合の要件について「弁済をするについて正当な利益を有する者以外のものが」という言葉が使われていることも注目されます。現行民法では、先に見たように、「利害関係」を有する第三者と「正当な利益」を有する第三者という似通ってはいるものの規定の仕方が違う言葉が出てきて混乱を招きかねない状態であったので、基本方針では「正当な利益」という言葉を双方で統一的に使用することにしたわけです。

　基本方針は以上のように第三者による弁済の規律をスッキリとさせた上で、さらに弁済による代位に関しても、現行民法上のいわゆる法定代位（民500）、すなわち「弁済をするについて正当な利益を有する者は、弁済によって当然に債権者に代位する。」という規律をそのまま維持しつつ（基本方針【3.1.3.13】〈1〉）、現行民法上のいわゆる任意代位（民499）を廃止するとい

う整理を提案しています。

　任意代位に関しては、正当な利益がないとはいっても債務者も了承の上で債務を弁済した第三者が出てきた時に、その第三者が債権者に代位できるかどうかを債権者が承諾するかどうかで左右できるというのは合理的ではないのではないかというような議論があったところです。このような疑問に対して基本方針では、債務者と第三者との間で保証引受契約（これも基本方針で新たに提案された保証契約の形態です。「保証」については、本書第3編第6章を参照）を締結すれば、当該第三者も弁済について正当な利益を有することになって代位が可能になるという形で問題の解決を図ったものと考えられます。

　他にも、弁済による代位の規律では、いくつかの整理が提案されています。まず、現行の弁済による代位においては、弁済を行った第三者には、元々の債権者が債務者に対して有していた原債権と、債務者に対して新たに発生する求償権という二つの債権が併存して帰属することになり、求償権の範囲内で原債権を行使することができるという理解が判例（最判昭和59年5月29日、民集38巻7号885ページ）等を通じてされています。こうした理解から得られる具体的な解決は妥当なものと考えられるのですが、他方で、弁済によって消滅したはずの原債権を代位弁済者が改めて取得できるというのも論理的には理解しにくい部分がありました。これに対して基本方針では、原債権はあくまでも第三者による弁済によって消滅するものであって、代位弁済者は債務者に対する求償権を取得するだけであるという立場を明確にしています（基本方針【3.1.3.13】〈2〉）。その上で、基本方針では、代位者が、債務者に対して取得した求償権の範囲内において、原債権の効力として認められていた権利や、原債権を保全するために設定されていた担保権や保証債権を行使することができると明示する（基本方針【3.1.3.13】〈2〉〈3〉）ことで、これまでの判例の考え方から得られる結論をそのまま維持しつつ、法律関係を明確にすることとしています。

また、原債権について、保証人や物上保証人、さらには債務者や物上保証人から担保物を譲り受けた者などが複数存在した場合のそれらの者の相互間の関係について、現行の規定（民501）ではその一部しか規律されていなかったのですが、基本方針では、基本的にこれまでの判例の見解等を具体化する方向で、これらの関係を網羅的に明確に規定することを提案しています（基本方針【3.1.3.13】〈3〉）。

（2）　基本方針提案の実務への影響と示唆

　基本方針における第三者による弁済と弁済による代位に関する提案は、以上に見たように現行民法の規律を比較的踏み込んで大胆に整理し直してはいますが、その結果得られる結論としては、基本的にこれまでの判例の帰結等を維持するものであり、実務上、特に大きな支障が出てくるものではないと思われます。企業法務においてこの分野に関わるような問題としては、特に金融業において代位権不行使特約や担保保存義務免除特約などの実務慣行への影響が関心事になるところですが、基本方針の提案は、これらの特約の効力等についても現行民法と特に異なる前提を与えるものではないように思われます。

　そうは言っても、この基本方針の提案が実際に採用されることとなった場合、いわゆる任意代位の制度が廃止されることになるので、第三者による弁済によって求償権は取得したけれども弁済による代位が認められない、つまり、担保権や保証債権等が行使できないという状況が、少なくとも法律上は広く発生し得ることになります。このような規律が提案されている背景には、担保権や保証債権も伴って実質的に債権者が交替するような法律関係の変動を生じさせたいのであれば、基本的には債権譲渡の規律の下で明示的に債権譲渡が行われるべきであるとの考え方があるようです（山田誠一＝佐久間毅＝山野目章夫＝佐藤良治＝藤池智則「債権時効、弁済、相殺、一人計算（上）」『NBL』No. 912、41ページ参照）。他方で、あくまで弁済による代位に

よって担保権や保証債権も行使できるようにしたいのであれば、先程既に見たように債務者と代位弁済者との間で保証引受契約を締結することで対応できますし、さらには債権者と代位弁済者との間で明示的に保証契約を結んでから保証債務を履行するということによっても代位が可能となります。つまり、法律によって自動的にカバーされる範囲は狭くなるけれども、当事者自らが実現したいと意図するような結果を手に入れるための手段は担保されているといえるでしょう。

このように見てくると、法律関係の変動を生じさせたいのであれば、関係当事者が、自らが意図しているその変動内容について明示的に合意をしていくことが基本的に求められる流れになっているということが、この弁済による代位の提案からも示唆されているように思われます。基本方針の中の個別の提案がそのまま新債権法において採用されるとは限りませんが、恐らく、こうした基本的な流れはこのまま維持されていくことになる可能性が高いと思われます。法務担当者の方々にとってみれば、差し当たりこのような流れを自覚的に意識して、日頃の案件に取り組むにあたっても、自分たちがどのようなことを実現しようと意図しているのかを常に念頭に置き、それを契約等の中でできるだけ具体的に明示していくという姿勢を持つことが有用ではないかと思われます。

第3節 債権者以外の者に対する履行

（1） 善意無過失から正当な理由に基づく善意へ

以上で見てきた第三者による弁済に関する定めは、基本方針の中では、「債務者以外の者による弁済」という標題で提案されているのですが、そのすぐ後に、「債権者以外の者に対する履行」という提案がおかれています（基本方針【3.1.3.03】）。

この項の〈1〉では、債権者以外の者であっても受領権限を有する者に対する履行であれば有効な弁済となることを規定しています。この内容は当たり前のことではあるのですが、現行の民法では例によって当たり前すぎて規定がありません。ただ、この規定は単に当たり前のことを明示したというだけではなくて、受領権限のない者に対して債務者が誤って弁済をしてしまった場合について規定する同項の〈3〉や〈4〉の前提としても機能する性格を有する形になっています。

　本来、受領権限のない者に対して行われた弁済は有効な弁済ではなく、債務者は真の債権者から請求をされれば二重払いをしなければいけないのが原則です。しかしながら、一定の場合には受領権限のない者への弁済をしてしまった債務者を保護し、そのような弁済を有効と扱ってあげるべき場合もあり得るということで（この場合、そのような弁済によって債務は消滅するので、真の債権者は債務者に対して請求ができなくなり、債務者からの弁済を権限なく受領した者に対してその弁済を自分に寄こせと主張していくしかなくなります）、現行民法においては、いわゆる債権の準占有者に対する弁済（民478）及び受取証書の持参人に対する弁済（民480）の規定がおかれているところです。

　無権限者に対する弁済をしてしまった債務者がどのような場合に保護されるのかという問題については、これまで、主に銀行による銀行預金の払戻しやさらにそこから発展した預金担保貸付の実行（銀行が真の預金者以外の第三者に対して預金を担保に貸付をしてしまった場合）等について多くの裁判例が積み重ねられてきたところです。

　基本方針におけるこの問題に関する提案は、基本的には現行民法の枠組みを維持し、これまでに積み重ねられた裁判例の考え方を整理して取り込んだ形になっていると見てよいものと思われます（受取証書の持参人に対する弁済の規律を債権の準占有者に対する弁済の規律の中に取り込むにあたって現行の定めから若干の変更を生ずるような整理がなされていますが、大きな変動はないといってよいでしょう）。

具体的には、履行をする者が、「合理人を基準として債権者の外形を有していると判断される者を、正当な理由に基づいて債権者であると信じて、その者に対して履行をした場合」、及び「合理人を基準として債権者以外の者で受領権限を有するものの外形を有していると判断される者を、正当な理由に基づいて受領権限を有すると信じて、その者に対して履行をした場合」に、それぞれ履行が有効な弁済となると規定されています（基本方針【3.1.3.03】〈3〉及び〈4〉。なお、基本方針では〈2〉項において、現行民法第480条の「受取証書」という概念に代えて、新たに「免責証券」という概念を提案しています。免責証券を有する者に対して履行をした場合、履行をした者に悪意または重過失が無い限り、弁済は有効とされ、履行者が保護される規律となっています）。同項の提案要旨にも記載されているように、「なりすましなどの局面において、盗難によるものか、偽造によるものか、また、債権者本人と名乗るか、債権者の代理人と名乗るかの区別が社会的な事実としては隣接し、連続すると考え」て、それら全てに同一の規律が妥当することを明らかにした形となっているといえます。

この提案には、「合理人を基準として」というような見慣れない表現が実際にはどのように規定されどのように解釈されることになるのか等いくつか気になる点もありますが、最も注目すべきは、「正当な理由」に基づいて債権者であると（あるいは、受領権限を有すると）信じたということを、弁済をしてしまった債務者が保護されるべき要件としたことであろうと思います。現行民法における善意無過失（民478参照）から、正当な理由に基づく善意に要件の表現が変更されているわけです。

この点に関しては、「善意無過失ではなく、主観的な知不知または注意義務遵守・不遵守を含むがそれにとどまらず、その弁済により債務者が免責されることが正当かどうかにより解決すべきであると考え、正当な理由に基づく善意とした。」（民法（債権法）改正検討委員会編『詳解 債権法改正の基本方針Ⅲ』商事法務、2009、14ページ）との解説がなされています。現行民法の

規律においても、機械払い式の方法による預金払戻し事例に関する民法第478条の解釈について、「現金自動入出機を利用した預金の払戻しシステムの設置管理の全体について、可能な限度で無権限者による払戻しを排除し得るよう注意義務を尽くしていたことを要する。」（最判平成15年4月8日、民集57巻4号337ページ）等と述べて過失をある程度広い概念として捉えようとする判例も出ていたところですので、「正当な理由」という表現への変更は、一応、判例の流れも踏まえたものといえそうです。

　ただ、これまで民法第478条の善意無過失を判断するにあたっては、真の債権者の帰責事由の有無については問題としないというのが判例の立場であるとされてきました。この点に関して、基本方針の提案のように善意無過失ではなく正当な理由に基づく善意というある程度総合的に柔軟な判断ができるような概念が要件とされた場合には、真の債権者の帰責事由の有無も弁済の有効性を判断するにあたって一定程度考慮の対象になり得る可能性が高まるように思われます。実際、「債務者に対する権利を失う債権者については、債権者にのみ着目した要件を独立させて設けない点で、現民法に変更はない。ただし、正当理由の判断の1つの要素として、たとえば、第三者が債権者としての外形を有するに至った経緯について、債権者の重過失と評価される関与があることが考慮されることが考えられる。」（『詳解 債権法改正の基本方針Ⅲ』（前掲）14ページ）等の解説もなされているところです。従って、このような提案が実際に採用された場合には、真の債権者の帰責事由の有無に関する考慮につき、今までよりも踏み込んだ裁判例が出てくる可能性が高まるかもしれません。

（2）　基本方針提案の実務への影響と示唆

　債権者以外の者に対する履行に関する基本方針の提案は、以上に見たように基本的には現行民法の枠組みを維持し、これまでに積み重ねられた裁判例の考え方を整理して取り込んだ形になっているとみてよいものと思われます

ので、この提案がそのまま採用されたとしても、例えば銀行での預金取引等における実務上は大きな変動は生じにくいものと思われます（もちろん、「正当な理由」や「合理人」基準などの新たな概念について、裁判上どのような運用がなされていくのかという不確定要素は多少なりともありますが）。特に、偽造・盗難カードによる預金払戻し被害との関係では、既に施行・運用されている「偽造カード等及び盗難カード等を用いて行われる不正な機械式預貯金払戻し等からの預貯金者の保護等に関する法律」（以下、「預金者保護法」といいます）について、「預金者保護法は、本提案の特則として位置づけられることになる。」（『詳解 債権法改正の基本方針Ⅲ』（前掲）15ページ）との解説がなされ、現行の預金者保護法がそのまま適用されることを前提としているようですので、実務上の変動はないものと考えてよさそうです。

　ただ、実務への影響として一点注目されるのは、履行を受領する者の要件としては、合理人を基準として債権者の外形を有していると判断される者とし、履行をする者に関する要件としては、正当な理由に基づいて債権者であると信じたこととするというような一般的で柔軟な規律を設けたことで、「インターネット取引を含む今後のさまざまな新しい取引にも柔軟に対応できる基本的な考え方を示すことができたのではないかと思っております。」（「債権時効、弁済、相殺、一人計算（上）」（前掲）40ページ）というような提案者サイドからの発言が見られることです。確かに、無権限者に対する弁済の保護に関してこのように一般的な規律が置かれることで、インターネット上の取引におけるなりすまし等の事例について、法律関係の見通しが立ちやすくなるという効用はあるのだろうと思われます。

　そして、このように言われてみると、実は現行民法においても、例えば債権の準占有者に対する弁済の保護を規定する民法第478条ではその債権の種類等を全く限定していないのですから、この規定をベースにして積み上げられてきた例えば機械払い式の預金払戻しに関する判例法理等は、インターネット取引サービス等を運営する際にも十分に参照されるべきものであるとい

う示唆が得られるように思います。先程あげた平成15年の最高裁判例（126ページ参照）等を参考にすれば、インターネット取引のサービスを提供する企業としては、ユーザーにパスワードの定期的な変更を促したり、パスワードが盗用された場合にどのような被害が発生する可能性があるのかについて十分に告知をしたりするなど、システム運営の全体を通じて様々な努力を行うよう、今のうちから留意して対応していくべきであるということになるのではないでしょうか。

第3章 相殺

第1節 相殺に関する提案の概要

　相殺は、実際に金銭を移動させずにお互いの債権債務を対当額で消滅させるという簡便な決済手段として機能するのはもちろんですが、それだけにとどまらず、「相殺の担保的機能」（あるいは「相殺の担保的効力」）という言葉がよく法律書や判例等で出てくるように、債権の回収を確実にしてくれるある種の担保的な機能も果たしてくれるものです。従って、企業の法務担当者にとって相殺は、債権の回収に関わる場面等において意識すべきとても重要なツールの一つであるといえるでしょう。

　基本方針はこの相殺について、要件や効果のみならず、相殺が制限される場面や相殺を拡張的に利用できる場面等いくつかの点において、現行民法下での規律からの比較的重要と思われる変更を提案しています。

　これらの中でも特に、相殺が制限される場面に関する変更として、相殺による債権回収が他の債権者による差押えとの関係でどこまで機能を発揮できるかという相殺と差押えとの関係や、いわゆる相殺予約の有効性等が大きな論点となってきます。

　また、基本方針においては、相殺類似の概念を活用して多数当事者間の債権債務関係の複雑な決済を効率的に済ませようとするいわゆるネッティングと呼ばれるような新しい決済の仕組みについて、それがよって立つべき新たな法的根拠を提供することで、それらの仕組みを法的に強固にしてあげよう

とするような、やや野心的な提案もなされています。

以下、それぞれ順を追って見ていきましょう。

第2節 相殺の要件と効果に関する変更点

（1） 相殺の要件に関する変更点

現行民法では、第505条第1項において、4つの要件が満たされている時に相殺によって債務を免れることができるとして、相殺の一般的な要件を定めています。その4つの要件とは、(i)2人が互いに債務を負担すること、(ii)その両方の債務が同種の目的を有すること、(iii)その両方の債務が弁済期にあること、そして、(iv)その両方の債務が性質上相殺を許さないものではないこと、です。これらの要件が満たされている時に、その2人の当事者の両方の債務は相殺をするのに適した状態にあるということで、いわゆる相殺適状にあるといわれます。

基本方針では、【3.1.3.21】において、相殺の一般的な要件が提案されています。その内容は、現行民法の(i)と(ii)と(iv)についてはそのまま維持しつつ、(iii)については、相殺をしようとする側の当事者の債権（いわゆる自働債権）が弁済期にあることだけを要件とすること（(iii)'）に変更しています。また、自働債権の行使を阻止する事由が存在しないこと（(v)）という要件が新たに加えられています。具体的には以下の通りです。

> 【3.1.3.21】（相殺の意義）
> 　債権者に対し目的の種類を同じくする債権を有する場合において、その債権が弁済期にあるときは、債務者は、双方の債務の対当額について、相殺によってその債務を消滅させることができるものとする。ただし、その債権の行使を阻止する事由が存するときまたは債権の性質が相殺を許さないときは、この限りでない

ものとする。

（2） 相殺の要件の変更の背景と実務への影響等

　まず、現行民法での要件(ⅲ)が、基本方針で(ⅲ)′に変更すべく提案されていることについて見てみます。

　現行民法においても、相殺をしようとする側の当事者の債務（いわゆる受働債権）の弁済期については、債務者は基本的に期限の利益を自由に放棄できることから（民136②本文）、相殺をしたい時には自ら期限の利益を放棄することで受働債権の弁済期を到来させることができるので、結局、実質的には自働債権の弁済期が到来していることだけが要件として必要とされると考えられていました。相手の信用状態が悪くなってきたという時に、相殺によって早期に少しでも自分の債権（自働債権）を回収したいという局面であれば、自己の債務（受働債権）に期限の利益があることには意味がなく、むしろ自己の債務の弁済期を気にすることなくストレートに相殺をしたいというニーズがあることは十分に想定されるわけです。基本方針の提案は、このようなニーズに基づく相殺が可能であることを正面から明示したということになります。

　従って、この要件(ⅲ)に関する変更は、現行民法でいわば形骸化していた要件を省略することにしたといえるような内容のものなので、実務上の影響が懸念される場面は一般的にはなく、むしろ期限の利益を放棄する手間が省ける分だけ、相殺を活用する立場からは便利になるといえるでしょう。

　ただし、現行民法においても、期限の利益を放棄することで相手方の利益を害することはできないとされており（民136②ただし書）、この規定は基本方針においても維持されています（基本方針【1.5.64】〈2〉ただし書）。相殺をするということは、自働債権を回収しつつ、受働債権については弁済を行

うことになります。基本方針の提案によって、受働債権については弁済期が到来していなくても相殺することができるようになるとしても、弁済期の到来していない受働債権について勝手に弁済を行うことで、相手方が何らかの不利益を被る関係に立っていた場合には、相殺の実行によって相手方に不利益が発生し、相殺をした側がその不利益を填補する義務を負うことになるというような場面が出てくるかもしれません。この点については、少し注意が必要ではないかと思われます（現行民法においても同様の注意は必要なわけですが）。

次に、基本方針において、新たな要件(v)が追加されたことについて見ていきます。

実は、現行民法の下でも明文の規定はないのですが、解釈上、自働債権について相手方（自働債権の債務者）が、例えば同時履行の抗弁権（民533）や保証に関する催告・検索の抗弁権（民452及び民453）等の抗弁権を有している時は、その抗弁権を無視して相殺することはできないとされていて、このことは判例上も確定した状態になっているといえます（同時履行の抗弁権については大判昭和13年3月1日、民集17巻4号318ページ、催告・検索の抗弁権については最判昭和32年2月22日、民集11巻2号350ページ参照）。

従って、新たな要件(v)の追加は、現行実務の中で固まった解釈を明文化しただけといえるので、このような提案が実際に導入されても特に問題はないといえるでしょう。

（3） 相殺の効果に関する変更点

相殺の意思表示をすると相殺適状にあった両債務が対当額で消滅する、というのが相殺の効果であり、このことは現行民法でも基本方針の提案でも変わりません。

ただ、その効果の発生時点を変更させることが提案されています。

現行民法は「双方の債務が互いに相殺に適するようになった時にさかのぼ

って」効果が生ずると定めています（民506②）。いわゆる相殺適状の時点に遡及して債務消滅の効果が発生するわけです。

これに対して、基本方針【3.1.3.25】〈1〉では「相殺の意思表示が効力を生じたときは、その意思表示をした者および相手方が互いに負担する債務は、その時に対当額について消滅するものとする。」としてこのような遡及効を否定し、相殺の意思表示がなされたときに相殺の効力が発生して債務が消滅するという提案になっています。

（4）　相殺の効果の変更の背景と実務への影響等

相殺の効果の発生時点についてこのような変更が提案されている理由について、提案者サイドからは次のような解説がなされています。「遡及効は、相殺適状にある債務は当然に消滅するというフランス法的な発想を根拠としているが、相殺について単独の意思表示による債務消滅という権利構成を採用していること、また相殺適状後に支払われた遅延損害金の精算という複雑な問題を残さないためには遡及効を否定するほうが妥当であることを理由とする」（内田貴『債権法の新時代―「債権法改正の基本方針」の概要―』商事法務、2009、127～128ページ）。要は、基本方針の提案の方が、現行の規定よりも自然かつ合理的であるということなのでしょう。

この提案が実際に導入された場合の実務への影響ですが、まず、上記の提案理由に関する解説にも出てきているように、遅延損害金の取扱いについて差異が生じてくることになるでしょう。ただ、相殺による債権回収が実際に比較的よく発生する銀行実務においては、現在でも銀行取引約定書などにおいて、相殺による利息や清算金等の計算時期について「銀行による計算実行の日」と規定されていて、実務の取扱いもこれで固まっているとのことなので（天野佳洋＝堂園昇平＝三上徹＝片岡義広＝中原利明「民法（債権法）改正への未来を見据えて〔上〕」『銀行法務21』700号、18ページ参照）、既に提案の帰結が当事者間の合意によって先取りされている形になっていて、実務上の影

響はないということになるでしょう。また、遅延損害金等の精算について当事者間の合意がない場合には、双方の債務の弁済期が到来しているにもかかわらずお互いに履行せずに見合ったまま、時間が経過してから相殺することになった時に、遅延損害金の利率に差があると、その差が負担として顕在化することになりますので、現行民法の規律におけるよりも、遅延利息をどのような水準で設定するかについて、意識しておく必要があるということにはなりそうです。

第3節 相殺が制限される場合に関する変更点

（1） 相殺と差押えの問題点1―いわゆる制限説と無制限説

　先程見たように、お互いの債務が相殺適状にあれば、一方当事者が相殺の意思表示をすることで債務が対当額で消滅するのが原則です。ところが、現行民法上、いくつかの場面について、相殺適状にあっても相殺することが許されないということが規定されています。

　そのような相殺が制限される場面の典型例で、これまで判例や学説などで大いに議論されてきているのが、受働債権が差し押さえられた場合の相殺の問題です。

　現行民法では、受働債権について差押えを受けている（つまり、受働債権について支払うことを差し止められている）当事者が、その差押えよりも後に取得した債権を、自働債権として相殺をすることを禁ずる規定があります（民511）。しかし、差押えの前から取得していた債権を自働債権とする場合に、受働債権が差し押さえられていても相殺が可能であるかどうかについては全く規定がないため、解釈上、この点が問題となってきていたのです。

　詳細な説明は民法の教科書等に譲ることとしますが、大まかに言えば、今まではいわゆる制限説と無制限説と呼ばれる考え方が大きく対立してきまし

た。先に自分の弁済期が来るのに、相手の弁済期が来るまで、自分の弁済を拒んでまで相殺しようとするような不誠実な債務者の相殺への期待は保護する必要がないというようなことを根拠にして、自働債権の弁済期が、差し押さえられた受働債権の弁済期よりも先である場合に限って相殺が許されるとするのが、いわゆる制限説の考え方です。他方、法文上では、双方の弁済期の先後や、自働債権の弁済期と差押えとの先後などについては全く何も規定されていないということ等を根拠にして、受働債権の差押えよりも前に自働債権を取得していたのであれば、相殺は制限を受けないとするのが、いわゆる無制限説の考え方です。

　判例も色々と揺れていたのですが、昭和45年の大法廷判決（最判昭和45年6月24日、民集24巻6号587ページ）がいわゆる無制限説を採用することを明らかにし、それ以来、これが実務上も定着してきているとされています（この昭和45年判決は、その僅か6年ほど前に制限説の採用を明言した昭和39年判決（最判昭和39年12月23日、民集18巻10号2217ページ）を変更したものでした）。

　学説上は、今でも制限説を支持する考えがある程度有力であるようなのですが、基本方針では、こうした弁済期の先後等に関する部分については、現状の判例と同様に無制限説の立場をとることを明らかにしています。具体的には、基本方針【3.1.3.30】の〈1〉において、受働債権が差し押さえられていたとしてもそのような第三債務者からの相殺も認められるという大原則を明示した上で、同〈2〉において、差押えの後に自働債権を取得した時は差押えを受けた受働債権との相殺が認められないという、現行民法第511条と同様の規律を置くことで、無制限説の立場を明定しています。

【3.1.3.30】（弁済を禁止された債権を受働債権とする相殺等の禁止）
　〈1〉　弁済を禁止された第三債務者は、債務者に対し有する債権による相殺をもって差押債権者または仮差押債権者に対抗することができるものとする。

〈2〉 〈1〉にかかわらず、弁済を禁止された第三債務者は、その後に取得した債権による相殺をもって差押債権者または仮差押債権者に対抗することができないものとする。

〈3〉 〈1〉にかかわらず、弁済を禁止された第三債務者は、差押えまたは仮差押えの申立てがあった後に債権を取得した場合であって、その取得の当時、それらの申立てがあったことを知っていたときには、その債権による相殺をもって差押債権者または仮差押債権者に対抗することができないものとする。

〈4〉 差押えまたは仮差押えの申立てがあったこと、差押命令または仮差押命令が発せられたことその他債権の差押えまたは仮差押えの手続を開始させる事由に関する事実が生じたことをもって債権を相殺に適するようにする旨の当事者の意思表示により相殺をすることができる場合において、その債権をもってする相殺は、その債権および差押えまたは仮差押えに係る債権の双方が当事者の特定の継続的取引によって生ずるものであるときに限り、これをもって差押債権者または仮差押債権者に対抗することができるものとする。債権の差押えまたは仮差押えの手続を開始させる事由に関する事実が生じたことをもって相殺が効力を生ずるものとする旨の当事者の意思表示も、同様とするものとする。

〈5〉 債権の取立てその他の処分を禁止された者に対し債権を有する者で第三債務者でないものが、その後にその債権による相殺の意思表示をした場合において、第三債務者は、この相殺をもって差押債権者または仮差押債権者に対抗することができないものとする。差押えまたは仮差押えの申立てがあったことを知ってした相殺の意思表示も、同様とするものとする。

　ちなみに基本方針では、それに続く同〈3〉において、自働債権の取得が受働債権の差押えの効力発生よりも前であったとしても、自働債権の取得時に受働債権について差押えの申立てがあったことを知っていたのであれば、相殺は許されないという規定が置かれています。これは、基本方針の提案要旨でも説明されているように、無制限説の立場を明確にするとはいっても、

第 3 章　相 殺

差押えを妨害するような意図的な自働債権の取得は禁圧しようという趣旨であるようです。

（２）　相殺と差押えの問題点2——いわゆる相殺予約の効力について

①　相殺予約とは何か

　相殺と差押えの関係に関する、制限説と無制限説の争いは、以上に見てきたような弁済期の先後の問題だけではなく、いわゆる相殺予約が差押えに対抗できるのかという問題にもつながっていきます。実際には、この相殺予約が認められるかどうかという点が、特に実務上でのインパクトが大きいものと思われます。

　ここでいう相殺予約とは、典型的には、預金債務と貸付債権という形で、同一の相手方に対して金銭債権と金銭債務を同時に持つことが多い銀行において多用されるものです。銀行にとっては、貸付先の信用状態に不安が出てきた時に貸付債権と預金債務を相殺することができれば、少なくとも預金残高相当分だけは、他の債権者に先立って優先的に貸付債権を回収できることになるので、いわゆる相殺の担保的効力がとても重要な働きをするわけです。

　ところが、銀行が持っている貸付債権（すなわち銀行が相殺をしようという時の自働債権）には様々な弁済期があり、貸付先に問題が起こっていざ相殺をしたいという時に、自働債権が弁済期にあるという相殺適状の要件が満たされているかどうかは分かりません（というよりも、通常はまだ弁済期が来ていないことの方が多いかもしれません）。他方で、債務者が銀行に対して有している預金債権というのは、債務者からの弁済が滞り始めたときなどに、他の債権者が自らの債権回収を確実にするために差押えをしようとしてくる財産として典型的なものの一つです。

　そこで銀行としては、自分にとって重要な相殺の担保的効力がきちんと機能するようにするために、自働債権たる貸付債権については、例えば貸付先

137

に対して「差押えの申立てがなされた時」とか「差押えの命令が発せられた時」に自動的に期限の利益が失われる、すなわちいきなり弁済期が到来するようにするという、いわゆる期限の利益喪失条項を取引約定の中に設けるのが一般的です。差押えの効力が発生するのは第三債務者へ差押命令が到達した時ですから、以上のような期限の利益喪失条項があれば、あとは銀行が受働債権たる預金債務の期限の利益を放棄すれば、差押えの効力が発生する寸前に相殺適状を作り出すことができるわけです。

そして、さらに、上記のような期限の利益が喪失される事由（差押えの申立て等）が発生した時点で、当然に相殺の効力も発生するというような条項を取引約定に入れておいたり（「停止条件付相殺予約」と呼ばれます）、相殺の効力を発生させる予約完結権を銀行に与えておくなどの相殺予約をして、銀行が少しでも確実に相殺の担保的効力を享受できるような工夫がなされているわけです（なお、上記の期限の利益喪失条項は単に相殺適状を生じさせる効果しか持たないのですが、相殺適状さえ生じてしまえば相殺の意思表示をすることでいわゆる法定相殺の効果は得られることになりますので、期限の利益喪失条項自体も広い意味での相殺予約に含まれるとされることがあります）。

② 相殺予約に関する現在の規律

以上のように、当事者の工夫によって銀行にとっては担保的効力が確実に発揮されるようになり、他方、資金需要がある企業等にとっては、このような条項を入れるだけで銀行借り入れがしやすくなる相殺予約は、双方にとってメリットがあるし、受働債権の差押え後に取得した自働債権との相殺のみを明文上禁止している法律の規律（民511）にも少なくとも形式的には反していないので、一見、全く問題は無いように思えます。

しかし、ここで別の視点が出てきます。「相殺予約などという私人間の特約が、債権確保のために用意された差押えという国家機関も関与するような手続きに対抗できてしまっていいのか」という視点です。そして、先程の制限説を採用した昭和39年判決は、受働債権の弁済期よりも自働債権の弁済

期が後に来るような場合に関しては、私人間の特約のみによって、差押えの効力を排除するほどの正当に保護されるべき相殺期待は認められないということを根拠として、銀行による相殺予約の効力も認められないとしていました。

他方で、無制限説を採用した昭和45年判決は、法定相殺ですら弁済期の先後にかかわらず認められる（無制限説）のであるから、相殺予約についても当事者の契約自由の原則からして弁済期の先後にかかわらず有効であることは当然だと結論付けています。同判決の多数意見におけるこの紋切り型の理由付けには批判が多いところですが、同判決では大隅健一郎裁判官の意見において、より実質的な理由が説明されています。そこでは、銀行が相殺予約によって預金債務を担保的に活用できることを期待して貸付を行っているという社会的実態があり、しかも銀行と取引先との間の約定書の中でこのような相殺予約がなされていることは、取引界においてほぼ公知の事実となっていることを理由として、このような銀行の相殺予約に関しては差押債権者との関係でも有効として保護されてよいという価値判断が述べられています。この大隅意見で説明されている理由付けまで含めた上で、昭和45年判決の相殺予約の有効性に関する結論が妥当性を有していると見るのが、学説の動向などに照らしても落ち着きがよさそうです。

いずれにしても、昭和45年判決以降、無制限説で相殺予約も有効であるとする裁判例が繰り返されており、現在では、無制限説の下で相殺予約も認められるということが、実務で定着してきている状態といえます。

相殺予約が、特に銀行取引実務において重要な役割を果たしていることは既に説明しましたが、例えば、原料の流通と製品の流通の双方に関わるような商社においても、相殺予約を使って相殺の担保的機能を活用することが一般的となっているようです。具体的には、「本来は原料売りのみの取引先であっても与信面で懸念がある場合にはその先の製品販売に介入することにより、意図的に売り買い両建てとし相殺ができる状態を作り出すこともありま

す。」(道垣内弘人＝池本誠司＝潮見佳男＝中原利明＝松岡久和＝森脇純夫＝安永耕一郎＝渡辺達徳、「債権法改正をめぐって――企業実務の観点から」『ジュリスト』1392号、38ページ) というようなこともなされているようです。

③ 相殺予約に関する基本方針の提案内容

それでは基本方針は、この相殺予約の有効性に関してどのように規律することを提案しているでしょうか。

基本方針は、先程も見たように、【3.1.3.30】〈1〉と同〈2〉において、いわゆる無制限説を採用することを明確にしています。他方、相殺予約に関しては、同〈4〉においてその有効性に触れているのですが、何とここでは相殺予約の効力は認められない（正確には、差押債権者等に対して効力を主張できない）ということを原則にしています（なお、同〈4〉の提案はやや長くて読みにくいですが、第一文がいわゆる期限の利益喪失条項プラス相殺の意思表示等で相殺を実現しようとする相殺予約のパターンについて、第二文がいわゆる停止条件付相殺予約のパターンについて、それぞれ提案しています）。その上で、同〈4〉においては、自働債権と受働債権の双方が当事者の「特定の継続的取引」によって生ずるものである時に限って、例外的に相殺予約の効力が認められるとされています。

先程の昭和45年判決以来、既に40年ほどもの間、実務において無制限説の下で相殺予約も認められるという運用が定着してきていたこともあって、無制限説の採用が明示されるのであれば、当然相殺予約の有効性も積極的に認められるであろうと考えていた向きも多いと思われるのですが、少なくとも提案の構造上は、相殺予約が原則として否定される形となっています。このような提案がなされた理由としては、「差押えの効力は、公的な執行制度を実効性のあるものにするためにあくまで尊重されるべきだから、差押債務者と第三債務者との間の合意によって差押えの処分禁止効を実質的に奪うことになるような合意の効力は、原則として否定されるべきである。」(『債権法の新時代―「債権法改正の基本方針」の概要―』(前掲) 129ページ) というこ

とがあげられています。債権確保のための公的な仕組みである差押えに頼った債権者の期待をきちんと保護してあげるべきだということでしょう。

④　実務に与える影響

それでは、このような相殺予約の有効性に関する基本方針の提案は、実務上どのような影響をもたらし得るでしょうか。

最も大きな問題となるのは、相殺予約の効力が例外的に認められるのがどのような場合であるのかという点でしょう。具体的には、「特定の継続的取引」という新たに持ち出されてきた概念がどのような内容を指すのかが、実務の法務担当者にとっては大きな関心事になると思います。

しかしながら、基本方針の各提案は、実際の具体的な条文案までを提示したものではなく、条文起草の前提となる基本方針を示したものだとされています。そして、提案者サイドから、この言葉はとりあえず現行民法の根抵当権の規定に使用されている「特定の継続的取引」（民398の2②）を参考にして用いたが、このワーディングにこだわる必要はないというような解説もなされています（『債権法の新時代─「債権法改正の基本方針」の概要─』（前掲）130ページ参照）。

従って、ここではこの「特定の継続的取引」という言葉自体にはこだわることなく、そこで表現されようとした内容に着目してみましょう。

提案者サイドからは、例外的に相殺予約の効力が認められる場合の背景にある考え方について、次のような解説がなされています。「継続的な取引関係にある事業者の間においては、相互に債権債務の関係に立つことにより信用を与え合っている関係にあると評価することができ、そのような仕組みに支えられつつ、頻繁に相手方の信用を調査しなければならない負担から解き放たれます。いわば、そこでは自己が負担する債務にかかる債権を黙示に質に取っている関係が相互に観察されるものであり、商事留置権のように類似の発想に立つ従来制度もみられないものではありません。」（山田誠一＝佐久間毅＝山野目章夫＝佐藤良治＝藤池智則「債権時効、弁済、相殺、一人計算（下）」

『NBL』No. 913、65 ページ)。すなわち、当事者の間で、実質的に保護に値すべきような相殺への期待が元々あったと評価できるかどうかが、一つの重要な判断基準になっているといえるでしょう。

　提案者サイドは、さらに「特定の継続的取引」について、「当事者間において社会的に定型性を認知される一定の種類の取引がある場合です。」(「債権時効、弁済、相殺、一人計算(下)」(前掲) 64 ページ) と言葉を置き換えた説明もしています。そして、これに続けて次のようにも言います。「たとえ取引先への1回の貸付けであっても、その貸付債権を自働債権とし、預金債権を受働債権とする相殺により貸付けの回収を図ることが是認されます。貸付けに当たり、預金を担保として期待することが社会的な定型性をもって認められるからにほかなりません。継続的取引という際の『継続』性は、ここでは頻度という量的な観念に依存することなく、社会的定型性の認知という質的な評価に立脚して行われます。」(「債権時効、弁済、相殺、一人計算(下)」(前掲) 64〜65 ページ)。要するに、当事者の相殺への期待が、社会的にも一定程度認知されるような状態になっている必要があるということでしょう。

　これらの解説を併せて考えてみると、当事者の取引関係上実質的に相殺への期待を保護すべき状況にあって、しかも当事者がそのように相殺への期待を持ちつつ取引をしていることが社会的にも一定程度認知されているような取引関係から生じた債権債務の場合について、例外的に相殺予約の効力が認められるというようなことが、基本方針の【3.1.3.30】〈4〉で表現したかった内容であると考えてよさそうです。

　このような場合に相殺予約の効力が認められるべきだというのは、先程見た昭和45年判決の大隅意見の説明ととてもよく似ているといえます。

　昭和39年判決は、公的な債権確保のための仕組みである差押えの制度に頼ろうとする債権者との関係で、当事者間の合意によって相殺を有力な債権確保の手段として活用したいという、当事者の期待がどれだけ保護されるべきかという利益衡量的なアプローチから結論を出していました。そして、昭

和45年判決も、大隅意見の理由付けを採用するとすれば、昭和39年判決と同様の利益衡量的なアプローチに立ちつつ、相殺予約の社会的実態などにも踏み込んで判断をした結果、異なる結論に至ったものであると考えることができそうです。

基本方針が表現したかったと考えられる、上記のような相殺予約が例外的に保護されるべき場合の条件は、昭和45年判決の大隅意見の考え方をより普遍的に規定しようという試みであり、昭和39年判決で提示され、昭和45年判決（ただし大隅意見の理由付けを含む）で引き継がれた利益衡量的なアプローチを、より深化させようとしているものと見ることができるように思われます。

そうであるとすると、こうした基本方針の提案は基本的にはこれまでの判例の考え方に沿うものであり、これまでの実務の積み上げなどをも考慮すれば、実質的には実務にそれほど大きな運用の変更を迫るようなものにはなりにくいであろうといえるのではないでしょうか。

ただ、今回の提案によって、相殺予約の有効性に関して、相殺への期待の実質面が重視されるべきだと改めてクローズアップされ、しかも、提案の中では当事者単位の相殺期待ではなく、いわば取引単位の相殺期待にまで踏み込んだ具体的な相殺期待の議論がなされていることからすれば、ある取引相手との関係で、その相手に対する自らの何らかの債務を、その相手に対する自らの全く別の取引から生ずる債権を確保する手段として活用したいと考える時には、できる限りそのことについて明示的な形で法的根拠を取り付けるように努力しておくことが望ましいといえるでしょう。例えば、提案者サイドからの次のようなコメントは参考になるものと思います。「(建物の賃借人がたまたま賃貸人に対して金銭の貸付を行った場合において賃借人が) 賃料債権を担保視することを第三者との関係においても安定したものにしたいのであるならば、建物に抵当権の設定を受けたり、賃料債権を質に取ったりするなどして、個別に債権保全の措置を講ずることが要請されます。」(「債権時効、

弁済、相殺、一人計算（下）」（前掲）65 ページ）。

（3） 相殺権の濫用の制限について

　形式的には相殺を行うことが可能な状況になっていても、相殺を認めることが関係者間の公平を害することになる場合に、いわゆる権利濫用の法理を用いてそのような相殺は制限されるべきであるという議論がかつてからなされていて、いくつかの場面でそのような内容の裁判例も存在します。一般に、相殺権の濫用と呼ばれる議論です。

　例えば、典型的には狙い撃ち相殺と呼ばれるものがあります。自働債権と相殺適状にある受働債権が複数あって、そのうちの一つが差押えを受けたという時に、他の受働債権の方が弁済期が遅いにもかかわらずそれらを任意に弁済してしまって、ことさら差し押さえられた受働債権だけを使って相殺をするというような行為が狙い撃ち相殺と呼ばれるもので、信義則に反し権利の濫用だとして、許されないとした裁判例（大阪地判昭和49年2月15日、金融法務事情729号33ページ）があります（内田貴『民法Ⅲ　債権総論・担保物権［第3版］』東京大学出版会、270ページ）。

　この他にも、いわゆる同行相殺や駆け込み相殺、担保付債権との相殺など、特定の債権者だけが意図的に優遇されたり、他の債権者が無用とも思われるような損害を被らされたりするように見える要素のある相殺について、相殺権の濫用が議論されてきています。

　現行民法においては、このような議論の具体的な根拠となる明文規定は存在せず、これらの議論はいずれも現行民法第1条第3項の一般条項を根拠としています。これに対して基本方針では、【3.1.3.31】において、差押債権者等との関係で見た相殺の効果に限定して、公平を害すると認められるような相殺は差押債権者に対抗できないという明文の規定を設けることが提案されています。

　しかしながら、提案者の解説によればこの提案は、「現民法1条3項の具

体的類型化にほかならない。」(『詳解 債権法改正の基本方針Ⅲ』(前掲) 76 ページ) とされており、従来から裁判例等で徐々に形成されつつある相殺権の濫用法理には、無用な影響を与える意図はないとのことです (『詳解 債権法改正の基本方針Ⅲ』(前掲) 77 ページ参照)。従って、基本方針【3.1.3.30】〈1〉において、差押えを受けた受働債権の相殺が原則として認められることを明言したこととの関係で、【3.1.3.31】は、そうは言っても公平を害する場合には効果が認められないこともあるということを注意的に明文で規定することとしただけであって、現行の規律から特に何らかの変更をもたらすことが企図されているわけではないと思われます。

ですので、この点に関しては、法務担当者としては特にこれまでと対応を変えるべきことはないように思われます。具体的には、裁判例の動向等に注意をしながら、濫用とされる危険性が高いような相殺については、抑制的な立場をとっておくべきということになるでしょう。

(4) 自働債権の消滅時効による制限について

現行民法においては、自働債権が時効により消滅してしまったとしても、その時効消滅前に相殺適状になっていた受働債権がある場合には、その受働債権との相殺は可能であるとされています (民 508)。現在では、債権と債務が相殺適状に至った段階で、当事者としてはほとんどそれらの決済が済んだかのように安心してしまうということもある程度は合理的であるといえるでしょう。現行民法に第 508 条のような規律が置かれていることの趣旨については、当事者のこうした一定程度合理的な期待を保護するためのものであると理解されているようです (『詳解 債権法改正の基本方針Ⅲ』(前掲) 55 ページ参照)。

これに対して基本方針では、【3.1.3.27】〈1〉の本文において、債権時効によって履行を拒むことができる債権を自働債権とする相殺も可能であるという原則を明示しつつ、同ただし書において、そのような自働債権の債務者

が時効を既に援用してしまった後では相殺はできないことを明示し、さらに基本方針【3.1.3.27】〈2〉において、同〈1〉本文の規定に従って相殺の意思表示を受けた自働債権の債務者が、その意思表示を受けてから1ヶ月以内に時効援用の意思表示をした場合には、相殺は効力を生じないということを規定しています。

> 【3.1.3.27】（債権時効によって履行を拒むことができる債権を自働債権とする相殺）
> 〈1〉 債権時効によって履行を拒むことのできる債権の債権者は、その債権をもって相殺をすることができるものとする。ただし、債務者が履行を拒む旨の意思を表示していたとき［債務者が時効を援用する旨の意思を表示していたとき］は、この限りでないものとする。
> 〈2〉 〈1〉ただし書の意思表示をしていない債務者が相殺の意思表示を受けた後1月以内に債権時効を主張する意思表示をした場合は、〈1〉の相殺は、効力を生じないものとする。

　弁済を請求された場合に、消滅時効を援用して弁済を拒むことができるにもかかわらず、その弁済が相殺によって強要されるときは時効を援用する機会が全く与えられないというアンバランスは必ずしも合理的なものとはいえず、時効に対して相殺が優越し過ぎているという判断が提案の背景にあるようです。

　基本方針【3.1.3.27】の提案要旨においては、「ここでする提案の内容は、現民法508条の規律を基本的に維持するものである」という説明がなされていますが、特に【3.1.3.27】〈2〉の提案は、現行の規律に大きな変更を加えるものであると意識する必要があるのではないかと思います。現行の規律の下では、相殺適状の関係に立つ受働債権がある場合には、自働債権について時効消滅をほとんど全く気にする必要がなかったにもかかわらず、基本方針の提案が導入された場合には、いざ相殺をしようと思っても、相手方からそ

の段階で消滅時効（基本方針に従えば債権時効）を援用されると自働債権は消滅してしまい、受働債権の弁済だけを逆に要求されてしまうことになるという事態が十分に発生し得るからです。

　企業の債権管理の立場からは、自らの債権が相殺によって回収し得る関係に立っているからといって、その時効期間の管理を特別に甘くするというような運用がなされることはあまりないのではないかと思われます。しかしながら、元々債権の期間管理が十分になされていない企業などにおいては、現行民法の下では時効完成によってうっかり消滅してしまった債権があっても、第508条の規定でたまたま救われたというようなことが、基本方針の導入によって期待できないことになってしまいます。ですので、今からでも、債権の期間管理を徹底させるに越したことはないといえるものと思います。

第4節　相殺を拡張的に利用できることとする変更点

（1）　第三者による相殺に関する現在の規律と提案内容

　既に少し触れたように、相殺というのは、自働債権の回収と受働債権の弁済を同時に行ってしまうという機能を持ちます。他方で、これも既に見た通り、弁済は、本来の債務者以外の第三者が行うことも一定の範囲で認められています（民474①及び②）。そうであるとすると、債権者Aが債務者Bに対して有している甲債権について、第三者であるCがたまたま債権者Aに対して乙債権を有していたときに、Cが甲債権と乙債権を相殺することによって、第三者の立場でBのAに対する債務を弁済してしまうということも認められてよさそうな気がします。

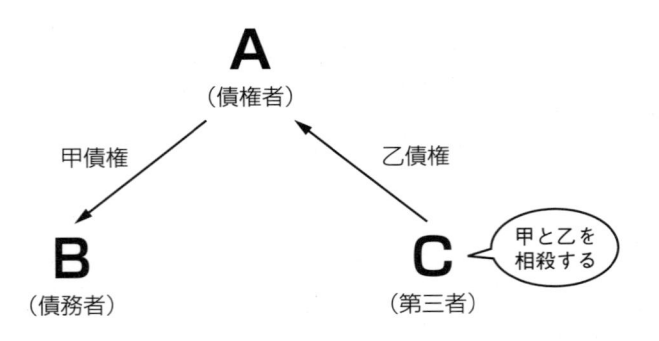

```
        A
     (債権者)
   ↙        ↖
甲債権        乙債権
 ↙              ↖
B                C      （甲と乙を
(債務者)        (第三者)  相殺する）
```

　ところが、現行の民法の規定上は、相殺の一般的な四つの要件の第一番目として「二人が互いに債務を負担すること」が要求されていて（民505①）、二当事者間の相殺のみが想定されており、他に第三者による相殺を認めるような規定が全くありません。そこで、第三者による相殺が認められるのかどうか、解釈上の争いがあります。これが認められないとする古い判例（大判昭和8年12月5日、民集12巻24号2818ページ）がある一方で、学説上は、物上保証人や抵当不動産の第三取得者等のような、他人の債務について責任を負う者に限って肯定すべきとするのが通説とされてきているようです（『民法Ⅲ 債権総論・担保物権［第3版］』（前掲）38ページ）。

　これに対して基本方針では、【3.1.3.23】により、第三者からも相殺を行うことができる旨が明示的に提案されています。先程挙げた例では、CがAに対して相殺の意思表示をすることで、甲債権と乙債権とが対等額で消滅することになります（基本方針【3.1.3.24】参照）。ただし、ここには「第三者のする弁済の例により」という制限を付けることが提案されています。第三者による相殺は、第三者が他人の債務を受働債権として勝手に弁済してしまうという機能を果たすことになるのですから、そのような相殺がいわゆる第三者による弁済と同じ規律に服さなければならないというのは、至って合理的な提案であろうと思われます。

　基本方針においては、具体的には、【3.1.3.02】の〈1〉から〈3〉で提案

された、第三者による弁済の規律に従うことになります。すなわち、受働債権について、債務の性質が第三者の相殺によって消滅させられることを許さないとき、あるいは、受働債権の両当事者が第三者による相殺を許さない旨の合意をしていたときを除いて、基本的にはだれでも第三者による相殺をすることができる（もちろん相殺の一般的な要件は満たしている必要がありますが）ということになります。ただし、その第三者が受働債権の弁済について正当な利益を有さず、かつ受働債権の債務者の意思に反して第三者による相殺をしたときは、当該第三者は債務者に対して求償権を取得できないということになります。もっとも、債務者に対して求償権も取得できないのに、自らの自働債権を犠牲にして他人の受働債権を消滅させてあげるというのは、事実上他人に贈与をするようなものですから、実際には特殊なケースといえるでしょう。

（2） 基本方針提案の実務への影響

　以上に見たように、第三者による相殺が原則として自由に実行可能であるということになったとすると、実務上はどのような影響が考えられるでしょうか。
　第三者による相殺は、これまではそもそもその有効性自体が議論の対象となるような段階で、実際に活用されるような場面がほとんどなかったといってよいような状態ですので、第三者による相殺がどのような場面で利用され、どのような問題をはらむことになるのかについては、まだなかなか把握することが難しい状況です。
　ただ、少なくとも一点、次のような事態が懸念されるであろうと思われます。

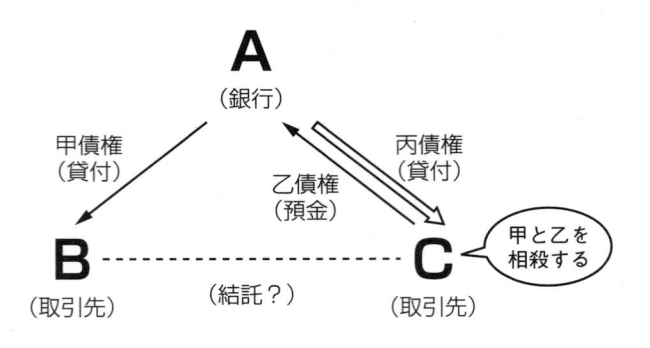

```
        A
      (銀行)
  甲債権      丙債権
  (貸付)  乙債権 (貸付)
         (預金)
                    ┌─────┐
                    │甲と乙を│
                    │相殺する│
  B ----（結託？）---- C
 (取引先)           (取引先)
```

　先程のA、B、Cの三者の例に合わせて示すとすると、例えば、上の図のように債権者であるA銀行が取引先であるBに対して甲債権（貸付）を有していて、他の取引先であるCがAに対して乙債権（預金）を有していたとします。ここまでは先程の例と同じなのですが、今度はさらにAがCに対しても貸付をしていて、丙債権を有していたとしましょう。そして、Cの信用状態が怪しくなってきており、AはCに対する貸付（丙債権）の残高をできる限りCからの預金（乙債権）残高の範囲内におさめるようにして、相殺の担保的機能によってCに対する貸付を取りはぐれることがないように管理をしていたとしましょう。ここで第三者による相殺が可能であるとすると、どんなことが起こり得るでしょうか。

　貸付を返済する資金力のないCにとっては、A銀行への預金はどうせ相殺で消えてしまうので、価値がない状態にあります。そこで金策に困ったCが、何らかのきっかけでBと結託し、自らの預金（乙債権）を自働債権として、Bの借入（AのBに対する甲債権）を第三者による相殺で消してあげる代わりに、それによってBが得た経済的利益の一部を、現金等でBから受領するというようなことが起こり得るかもしれません。この場合、A銀行にしてみると、信用状態が悪くなったCに対しては、預金見合いの貸付しかない状態にして債権を管理できていると思っていたのに、Cが第三者による相殺を行ったことで、いわば担保として機能していたCの預金が突然消滅

し、単独では回収可能性の乏しいCへの貸付だけが残り、しかも優良な債権であったBへの貸付については、Aにとっては消滅しても全く嬉しくないCに対する預金債務の消滅によって、無理矢理回収させられてしまうという結果になってしまいます。これはA銀行にとって耐え難いことといえるでしょう。

また、A銀行のBに対する甲債権を、Aに対する預金債権等を自働債権とした第三者による相殺で消滅させることのできる取引先がCの他にもいくつか存在して、同じような時期にAに相殺の意思表示をしてきた場合、Aとしてはどの取引先からの相殺の意思表示を優先して処理するべきかという事務手続上の問題が発生することも考えられます。

以上のような問題が生じてしまうことを避けるためには、特に銀行のように、相殺が債権管理の重要なツールとして機能する業態の場合には、予め取引先との約定等の中で、第三者による相殺を禁止する旨の合意を入れておく等の対応が必要になってくるであろうと思われます（以上の点につき、高山崇彦＝大野正文『銀行・事業会社のための債権法改正入門』きんざい、2009、105ページ、及び、三上徹「相殺」『金融法務事情』1874号、52ページ参照）。

第5節｜一人計算という新たな提案

（1）　セントラル・カウンター・パーティーとは何か

多数の当事者の間で債権債務が入り乱れて発生するような場合に、これらの債権債務を円滑かつ効率的に処理する決済方法として、いわゆるネッティングという仕組みが様々な場面で使われることがあります。

例えば、A、B、C、D、Eという5つの会社が所属する企業グループの間で、資材を売買したり、製品を売買したり、管理業務をアウトソースしたり、人材を派遣しあったり等して、毎月5つの企業相互間で多くの金銭の支

払いや受け取りが発生する状態になっていたとします。この場合、それぞれの支払いを個別に処理して決済をすると、決済のために必要になる資金の総額も大きくなりますし、金融機関などに支払う決済手数料も、決済の件数が増える分だけかさんでいってしまいます。こんなときに、各企業が、それぞれ自分の総支払額と総受取額の差額を計算（ネットアウト）し、支払額の方が多い企業はその差額（「負け尻」と呼んだりします）を場に払い出し、受取額の多い企業が場に出された資金の中から自分の受け取り分（「勝ち尻」と呼んだりします）を持っていくこととすれば、入り乱れていた資金のやり取りがスッキリと清算されることになります。これがネッティングです。

　このとき、各企業が払い出さなければいけない資金の額は、ネットアウトされた結果、大幅に削減されているはずです（各企業間で債権債務が十分に入り乱れていることが前提となりますが）。しかも、資金移動が発生する回数も、各企業ごとに1回で済むことになります。従って、各企業は、毎月の月末の決済のために用意しなければいけない資金の量と、送金の手間及びコストを大幅に削減できることになります。

　しかも、このネッティングの仕組みは、参加している企業のどこか一つが資金繰りが付かなくなって支払いができなくなったという時の影響を、ぐっと小さくし得るというメリットも持っています。ネッティングが導入されていない状態の場合には、ある企業がその月の支払いができないということになると、その企業に対して債権を持っていたすべての企業において、それぞれ当てにしていた入金が突然入ってこなくなり、自らの支払いを完結させるために急に別途資金手当をする必要が出てしまい、そのような資金手当ができないときには、連鎖的な支払いの停止が生じてしまうリスクがあります。

　ところが、ネッティングが導入されている場合には、ある企業の資金繰りが詰まったとして、その企業が支払いができないことによる影響は、その企業の総支払額から総受取額を差し引いたネットの負け尻の金額分だけ場に出てくる資金が少なくなるということに限定されることになります。ネットの

勝ち尻を持っている企業が場から受け取るべき金額に不足が生じることになりますが、事前にそうした不足が生じた場合の負担を配分する何らかのルールを決めておけば、各企業が強いられる急な資金手当の必要額を大幅に削減することが可能になるわけです。

　このようにネッティングが便利なものであるということは、おおよそご理解頂けたものと思います。しかしながら、以上に説明したようなネッティングの仕組みというのは、確かに資金の決済という部分だけを捉えると大変便利なのですが、法的にはあいまいな要素が多く含まれています。そもそも、ある企業が「場に負け尻を支払う」というとき、その企業はだれに対する何の債務を履行しているのかよく分かりません。また、ある参加企業から別の参加企業に対する債権が第三者から差押えを受けたという時に、それがネッティングによる支払いとどのような関係に立つのかも明確ではありません。

　そこで、こうした問題を解決するために導入されるようになってきたのが、セントラル・カウンター・パーティー（CCP）という集中決済機関を備えたネッティングの仕組みです。これは、CCPがすべての参加企業間の債権債務関係に割って入り、参加企業が持つ債権債務の相手方を常にCCPにしてしまおうという仕組みです。例えば、参加企業Aの参加企業Bに対する債権が発生した時に、直ちにこの債権を、AからCCPに対する債権と、CCPからBに対する債権に置き換えてしまうわけです。こうなると、各企業の支払いや受け取りの相手はすべてCCPになりますので、各企業とCCPとの間で通常の相殺を使って債権債務を圧縮すれば、毎月の資金移動は結局、各企業とCCPとの間でネットの勝ち尻分か負け尻分を一回動かすだけで済むことになります（CCPを活用したネッティングによって、企業間の資金移動がどのように変わるのかについては、次ページの図をご覧ください）。

　しかも、各企業にどれだけの負け尻が発生するかを予想して、事前に各企業がCCPに対してその予想負け尻額をカバーし得るような担保を差し入れさせておくことにすれば、個別の企業の資金繰りが破綻しても、その担保を

第3編 債権の回収等

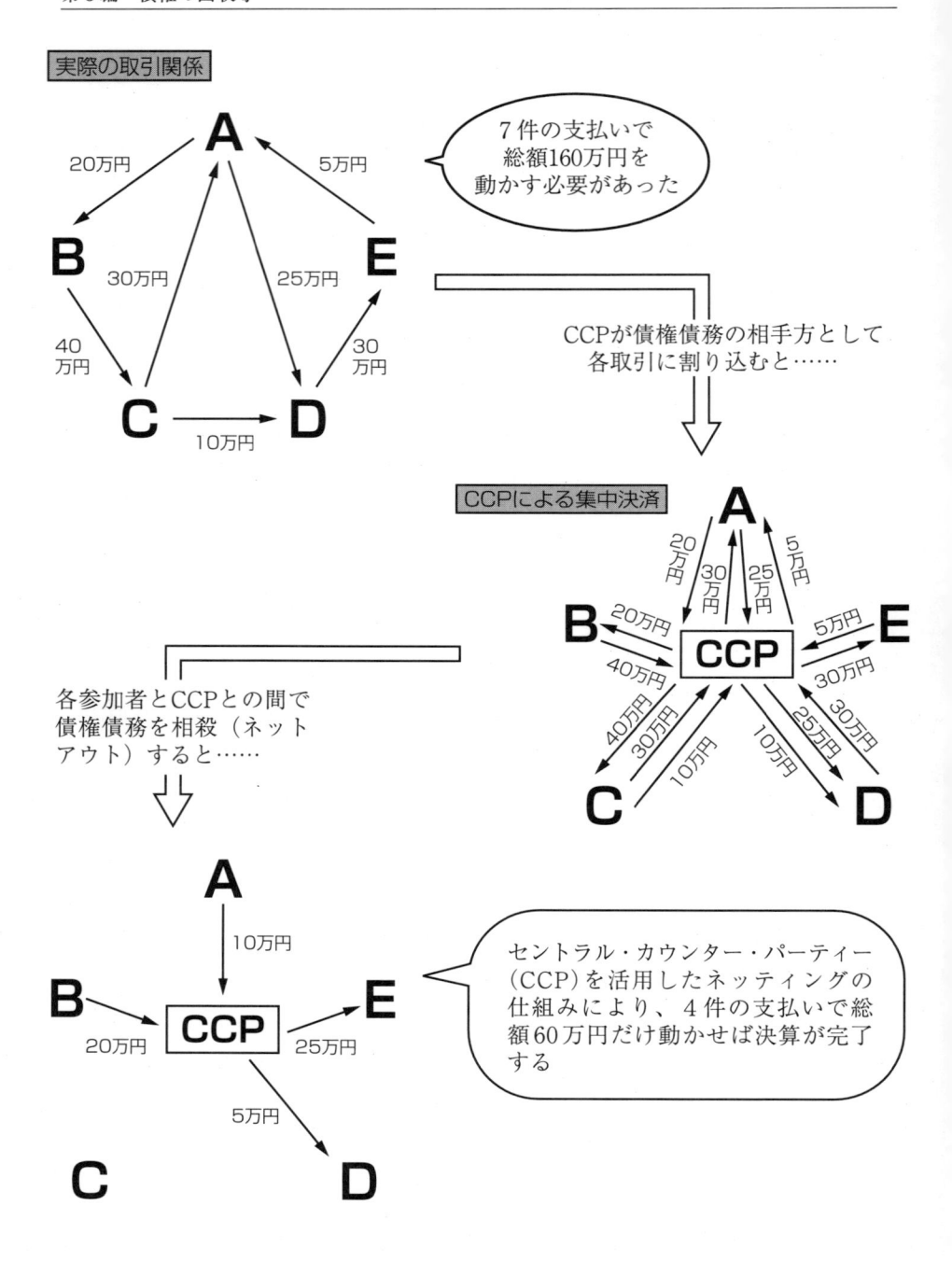

実際の取引関係

```
        A
   20万円 ↙ ↑ ↖ 5万円
      B       E
       ↘30万円 ↗25万円
   40万円↓    ↑30万円
        C →  D
          10万円
```

7件の支払いで総額160万円を動かす必要があった

CCPが債権債務の相手方として各取引に割り込むと……

CCPによる集中決済

```
           A
   20万円↙↑ ↑↖5万円
      30万円 25万円
   B ← [CCP] → E
   40万円    30万円
    ↙ ↘  ↙ ↘
   C        D
   40万円 30万円 25万円 30万円
        10万円 10万円
```

各参加者とCCPとの間で債権債務を相殺（ネットアウト）すると……

```
        A
        ↓10万円
   B →[CCP]→ E
   20万円    25万円
        ↓5万円
        D
   C
```

セントラル・カウンター・パーティー（CCP）を活用したネッティングの仕組みにより、4件の支払いで総額60万円だけ動かせば決算が完了する

使ってCCPが短期的な資金調達を行って全体の決済を完了させることにより、個別企業破綻の影響が他の参加企業の資金繰りには及ばないようにすることもできます（事前に差し入れられた担保でカバーしきれないほどの負け尻を持つような取引ができないというような仕組みを予め組み込むことも可能でしょう）。

このようなCCPを導入した多数当事者間の集中決済の仕組みは、証券取引所や銀行間の決済、首都圏の様々な交通機関が参加しているPASMOなどの運送料金の決済等、色々なところで使われるようになってきているようです。

（2） 基本方針提案の内容

以上で見てきたようなCCPを用いた集中決済の仕組みは、現状では、法的には全参加企業とCCPとの合意によって形作られています。CCPを導入しないネッティングに比べれば、法的な関係はかなりスッキリしているわけですが、それでもなお、一つの債権が二つの債権に分断されて第三者であるCCPが割って入るという効果を発生させる法的な根拠や、何らかの債務不履行等があったときに全体の取引が巻き戻されてしまうことがないのかどうか、参加企業間の債権が差し押さえられた時の法律関係等、様々な部分で問題が発生した時の解決の道筋が確固としたものになっているとは言い難い状況です。

そこで、基本方針では、【3.1.3.37】で、一人計算という、全く新たな法概念を提案しています。

【3.1.3.37】（一人計算(いちにんけいさん)の意義）
〈1〉 当事者の1人が他の当事者に対し将来において負担することとなる債務（以下この提案および【3.1.3.39】において「計算の目的となる債務」という。）は、これに応当する債務を債務者が計算の目的となる債務の債権者で

ない当事者（以下本節において「計算人」という。）に対し負担し、かつ、計算人が同様の債務を計算の目的となる債務の債権者に対し負担することを債権者となる者および債務者となる者が予め約し、これを計算人となる者が承諾した場合において、計算の目的となる債務が生じたときに、一人計算によって消滅するものとする。この場合において、計算の目的となる債務の債務者は、計算人に対し同債務に応当する債務を負担し、また、計算人は、同様の債務を計算の目的となる債務の債権者に対し負担するものとする。
〈2〉　計算の目的となる債務の債権者および計算人は、法人でなければならないものとする。
〈3〉　〈1〉の契約は、登記をすることにより効力を生じるものとする。この場合において、計算の目的となる債務に係る債権の処分で一人計算の登記に後れるものは、一人計算による債務の消滅により効力を失うものとする。
〈4〉　一人計算が集団的な集中決済のために用いられることを趣旨目的として提案されるものであることを踏まえ、計算人を同じくする数個の一人計算は、それらの当事者のいずれもが他のすべての当事者との間で一人計算の契約をする場合には、当事者を一覧にして公示することを可能とすることを基本指針とし、この基本指針を踏まえて登記の細目的事項を別途検討する。
〈5〉　〈1〉の契約においては、計算の目的となる債務の債務者が、債権者に対し対抗することができた事由をもって、計算人に対抗することができない旨を約することができるものとする。
〈6〉　当事者の一人が〈3〉の登記をした当時現に負担する債務を計算に組み入れることを債権者と約し、これを計算人となる者が承諾した場合において、計算の目的とした債務は、一人計算によって消滅するものとする。この場合において、計算の目的とした債務の債務者は、計算人に対し同債務に応当する債務を負担し、また、計算人は、同様の債務を計算の目的とした債務の債権者に対し負担するものとする。

　ここでは、取引の最小単位として2つの参加企業を想定し、この二者が一人計算の合意をし、CCP（提案の中では「計算人」という呼称が与えられています）がこれを承諾することによって関係者間に一人計算の合意が成立し、

これ以降は、参加企業間に債権（提案では「計算の目的となる債務」と呼ばれます）が発生すると、これが自動的にCCPを相手方とする債権関係に分断され、もとの債権は消滅するということが明文で規定されています（基本方針【3.1.3.37】〈1〉）。そして、一人計算の結果としてCCPが取得した債権が何らかの事情で履行されない事態が生じても、一人計算で分断された元の債権の消滅が影響を受けないこと（基本方針【3.1.3.38】）や、参加企業間の債権への差押えにおいてはCCPが第三債務者とされること（基本方針【3.1.3.39】）等が提案されています。

この一人計算の契約は登記をすることによって効力を生じるものとされ（基本方針【3.1.3.37】〈3〉）、この登記の方法や参加者の公示方法等について、今後検討が必要である等ともされています。

この一人計算という概念は全く新しいものであり、登記等も含めた実際の制度運用に関して色々と検討していかなければならない要素も多いでしょうから、この提案がそのままの形で直ちに実際に導入されるということは、なかなか考えにくいかもしれません。しかしながら、CCPを用いた集中決済機関が果たす役割は現実にどんどん大きくなってきているので、その法的基盤を確立するような法制度の整備は、実務にとっても歓迎すべきことといえるのではないでしょうか。

第4章 債権時効

第1節 債権時効とは

(1) 現在の時効制度の問題点

　現在の民法の時効制度は、民法総則の分野にあげられています（民144ないし174の2）。しかし、今回民法改正の手始めとして、基本方針が掲げた債権法の抜本改正にあわせて、少なくとも債権法に関係する部分については、時効制度を改める必要が生じていました。また、総則とは異なる債権時効という制度を導入したのは、債権に関する消滅時効は、他の消滅時効とは基本的に異なる性質を有しているという考え方に基づいているからです。

　それでも、現行民法でうまくいっているのであればあえて改正する必要もないのですが、現行の時効制度には以下のような問題点があると指摘されています。

(ⅰ) 短期消滅時効の規定が色々あるが、どういう場合に短期消滅時効にあたるのか、その区別がはっきりしないため予測可能性が奪われ、また、その時効の解釈をめぐる訴訟によって紛争処理費用が増大している。

(ⅱ) 短期消滅時効の時効期間の違いに合理性があるか疑わしい。

(ⅲ) 時効中断を現実的にできないのに、時効期間が完成してしまうという不都合が見られる。時効障害理由を主張することが難しい場合が多い。例えば、「物上保証人による被担保債権の時効援用」「抵当不動産の第三

取得者の時効援用」「不確定期限の履行期限は、不確定期限の到来を債務者が知った時に到来するが、時効は不確定期限が到来したときから進行する」等。

　要するに、時効がいつ完成するのか分からず、かつ、その完成を阻止する方法が十分でないという点で規定が複雑・あいまいで、また、債権者の保護になっていないという点が問題だというのです。

　現在の考え方では、時効は遡及的に効力を有するということになっていますが、この考え方を堅持すべきかが大きな議論となっているようです。時効の遡及効とは、時効消滅した債権は最初から無かったこととなるということで、分かりやすい効果としては、時効消滅した債権については「利息を取られない」ことになるのです。

　基本方針においては、【3.1.3.68】でこの「時効の完成により債権が遡及的に消滅する」という考え方（甲案）に対して、有力な考え方として、「時効の完成により履行の拒絶ができる」という考え方（乙案）が対立しており、結論を見ていない情況です。しかし乙案に立った場合にはもちろんのこと、甲案に立ったとしても、債権の時効の要件効果を現行法から変更するという案になっているため、結局のところ、物権の時効とは区別する必要性があるということになったのです。

　なお、総則におかれる消滅時効規定の適用があるのは、所有権以外の物権、不動産賃貸借です（基本方針【1.7.0.1】）。また、形成権については、消滅時効規定、債権時効規定とは別個に、期間制限という規定を置くことが提案されています（基本方針【1.7.13】）。

（2）　現在の問題点の解決方法

　この問題点の解決策として、「主観的時効起算点の導入」「短期消滅時効の原則廃止」「確定判決の債権の例外」「定期給付債権の債権時効」「合意による債権時効期間」「時効障害事由」「時効援用の法的構成」「時効利益の放

棄・喪失の法的構成」等をテーマとして掲げることにしています。もちろん、基本方針のスタンスとして、判例法理を条文に取り込むためのものも含まれています。

（3） 要するに何が変わるのか

① 主観的時効起算点の導入

(ⅰ) 債権者保護の観点から、時効を、債権者が具体的に権利を行使できることを知ったときから進行させる（基本方針【3.1.3.44】〈2〉）。

(ⅱ) そのアナロジーとして、債権者の帰責性（具体的には権利を行使できることを知ったこと）がある場合には早期に時効を完成させる（基本方針【3.1.3.44】〈2〉）。

(ⅲ) 時効期間を3年とする案を採用する場合には、権利を行使できる時を知ってから3年は時効が完成しないようにする（基本方針【3.1.3.44】〈3〉）。この規定は、時効期間が10年を超えることになると、事実関係があいまいになってしまう負担があり、社会的にも取引社会の拘束力が大きくなりすぎるので、〈2〉の期間を3年とする場合に限る。

次ページの図でいいますと、原則は、権利を行使できるときから10年で時効にかかりますが、10年が経過する前に権利を行使できることを知った場合には、その知った時から5年で時効が完成することにしました。そのため、10年より短い期間で時効が完成することになります。ただし、「知ったときから5年」という期間は、「3年」へと短縮することも検討されており、そのような場合には、権利を行使できることを知った時から3年の時点が10年を経過した後になる場合、時効完成をその時点に遅らせるというものです。

② 短期消滅時効制度の廃止

短期消滅時効は原則廃止し、不法行為の短期消滅時効も廃止し、商事消滅時効をも廃止の方向で検討することとなりました。もっとも、人格的利益に

原則

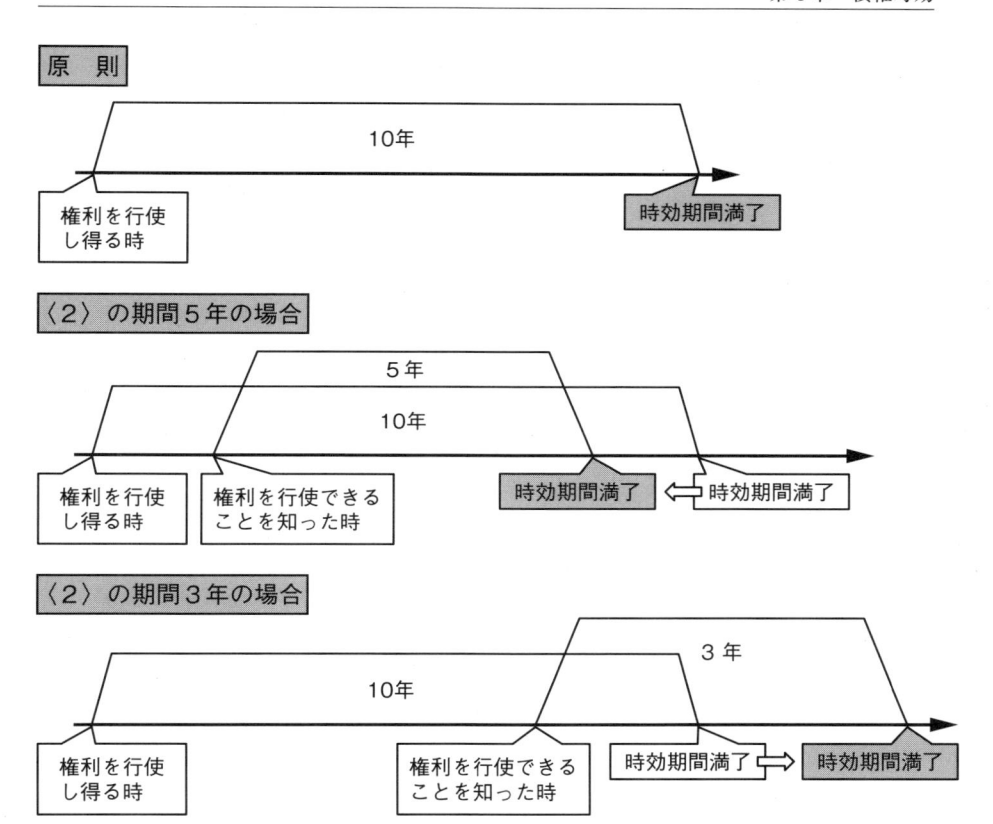

- 権利を行使し得る時 ─ 10年 ─ 時効期間満了

〈2〉の期間5年の場合

- 権利を行使し得る時
- 権利を行使できることを知った時 ─ 5年 ─ 時効期間満了
- 10年 ─ 時効期間満了

〈2〉の期間3年の場合

- 権利を行使し得る時
- 10年
- 権利を行使できることを知った時 ─ 3年 ─ 時効期間満了
- 時効期間満了

対する侵害による損害賠償請求は、債権者一般に比べて権利行使に困難を伴うことが多いことから、時効期間を30年とすることが提案されています（基本方針【3.1.3.49】）。

③ 債務者が債権に関する記録の作成及び照会に応じるべき場合の特則

　法令又は取引慣習により、債務者が債権に関する記録を作成し、債権者からの照会に応じるべきものとされているときは、その債権についての内容を示して、債権時効の進行を開始させる旨の通知をした時に、時効の進行が開始するとしました（基本方針【3.1.3.46】）。

　これは、銀行預金や金融機関による貸付を想定していると思われる規定です。つまり、債務者としては顧客の口座を維持し続けるコストを合理的に削

減するために、債務者のイニシアチブで債権時効を完成させようというものです。

④　合意による債権時効期間

基本方針【3.1.3.50】は、合意によって、時効の起算点と期間を変更することができるとしました。このような制度を導入したのは、そもそも時効制度の目的が債務者を負担や危険から解放することにあるから、債務者が自らその負担を合意するのであれば、時効期間の伸長を認めてよいという点を根拠にしています。

（4）　時効障害

このたびの基本方針の新しい概念が基本方針【3.1.3.51】で提案されている「時効障害」です。従来は、時効には中断、停止がありましたが、それに加えて、残存期間を減らさずに時効の進行を止める、要するに、一定の事由が存続している間は時効期間の進行が止まり、一定の事由が終了すると残った時効期間が進行する「時効期間の進行の停止」という制度を導入しました。

【3.1.3.51】（債権時効に係る時効障害の種類と定義）

債権時効に係る時効障害を、時効期間の更新、時効期間の進行の停止、時効期間の満了の延期の三種類とする。

〈ア〉　時効期間の更新とは、一定の事由の発生によりそれまでの時効期間が進行を終了し、新たな時効期間の進行が開始することをいう。

〈イ〉　時効期間の進行の停止とは、一定の事由の発生により時効期間の進行が一時的に停止し、当該事由の終了後に時効期間の進行が再開し、残存期間の経過により時効期間が満了することをいう。

〈ウ〉　時効期間の満了の延期とは、一定の事由がある場合に、時効期間の満了がその事由の終了または消滅の時から一定の期間が経過するまで延期されることをいう。

ここで、基本方針の用語を整理しておきましょう。
(i) 時効期間の更新→現行法の中断に相当する。
(ii) 時効期間の進行の停止→一定事由により時効の進行が一時的に停止し、一定事由がなくなると残りの期間が進行する。
(iii) 時効期間の満了の延期→現行法の時効の停止に相当する。

① 時効期間の進行の停止

現行民法では、時効中断事由とされていた裁判上の請求、保全手続きの申立、執行手続きの申立がそれぞれ、時効期間の進行の停止となりました（基本方針【3.1.3.56】参照）。なお、債権に関する当事者の協議の合意とは、承認と異なり、承認よりハードルを下げることによって、時効の停止が起きやすくしたものです。進行の停止とし、更新としなかったのは、承認といえるほどではないからであると説明されています。

債権の更新があった後の時効期間は3年ないし5年と、当初の10年より短縮されています（基本方針【3.1.3.55】）。

【3.1.3.56】（債権時効期間の進行の停止）
〈1〉 債権時効期間は、次の事由により進行を停止する。
　〈ア〉 訴えの提起その他の裁判上の請求、支払督促の申立て、和解の申立て、民事調停法もしくは家事審判法による調停の申立て、破産手続参加、再生手続参加、更生手続参加等、現民法147条1号にいう「請求」に該当する場合（ただし、催告を除く。）またはその「請求」に準じるとされる場合
　〈イ〉 民事執行の申立て
　〈ウ〉 民事保全の申立て
　〈エ〉 債権者と債務者の間における、債権に関する協議をする旨の合意
　〈オ〉 裁判外紛争処理手続の利用
〈2〉 主たる債務者に対する〈1〉の事由による債権時効期間の進行の停止は、保証人その他の主たる債務を履行する債務を負う他人に対しても、その効力を

生じる。

② 時効期間の満了の延期

　基本方針【3.1.3.62】の〈ア〉「催告」、〈イ〉「現民法 158 条から 161 条までに定める事由」がある場合には、時効期間の満了が延期されます。これは、時効期間が 10 年を経過しても満了しない例外的な場合を定めたものです。

　また、時効期間満了の延期の効力は保証人等にも及ぶこととしました。

③ 債権時効期間満了の効果

　時効期間が満了したときの法的効果については、基本方針【3.1.3.68】において以下の 2 案が提案されています。

|甲案|
　（ⅰ）　時効期間の満了によって債権が消滅する
　（ⅱ）　債権の消滅の効果は援用によって初めて生じる
　（ⅲ）　債権は遡及的に消滅する

|乙案|
　（ⅰ）　時効期間の満了によって、履行拒絶権が発生する
　（ⅱ）　債権は遡及的に消滅しない

　乙案の趣旨は、a）権利の遡及消滅と相容れない法律上の扱いがあること、b）権利を消滅させなくても履行を拒絶できれば時効の目的を達成できること、c）債権の効力を否定し、債務から解放することは制度目的でないこと、d）時効の不道徳性、憲法不適合性がいわれているが、時効障害事由をいうだけではこの疑念は払拭しないこと、e）時効完成後の給付保持力が認めら

れていること（例：時効完成後の時効利益の放棄）にあるとされています。乙案の特色は、債務者にのみ、事実上時効援用権を認めるのと同じことになる点もあげられています。

【3.1.3.68】（債権時効期間満了の効果）
〔甲案〕
〈1〉 債権につき債権時効期間が満了したときは、債務者は、債権時効を援用することができる。
〈2〉 〈1〉の援用は、裁判上、裁判外のいずれにおいてもすることができる。
〈3〉 〈1〉の援用がされたときは、これを撤回することができない。
〈4〉 〈1〉の援用がされたときは、その債権は起算日に遡って消滅する。
〔乙案〕
〈1〉 債権につき債権時効期間が満了したときは、債務者は、その債権に係る債務の履行および利息債権、遅延損害金債権その他のその債権から付随的に生じる債権に係る債務の履行を拒絶することができる。
〈2〉 〈1〉の履行拒絶は、裁判上、裁判外のいずれにおいてもすることができる。
〈3〉 〈1〉の履行拒絶がされたときは、これを撤回することができない。
〈4〉 〈1〉の履行拒絶がされたときは、履行その他によるその債権の実現を求めることができない。履行が拒絶された債務の履行を担保するための保証債権、担保物権その他の権利は消滅する。

---

④ 履行留保権と債権時効

基本方針【3.1.3.69】によれば、債権を基礎に成立する同時履行の抗弁権やその他の履行を留保する権利は、その債権の債権時効期間の満了による影響を受けません。つまり、同時履行の抗弁等の抗弁権を行使する際の双務契約上の債権については、債権時効期間満了となっても、同時履行の抗弁権を提出することができることになります。

⑤ 時効援用権又は履行拒絶権の喪失

　従前、判例法で蓄積されてきた、時効援用権の喪失事由を法定し、「時効期間の満了後に債権の行使に応じる旨を債権者に対して表示した」ことが、時効援用権の喪失事由となるとしました（基本方針【3.1.3.72】）。

第5章 債権譲渡

第1節 債権譲渡をめぐる議論

(1) 将来債権の譲渡の明確化

　将来債権というのは、現在は存在しないが将来発生すべき債権のことをいいます。例えば、賃貸借における、将来の賃料債権のような債権です。このような将来債権の譲渡が可能であることは、古くから認められてきました（大判昭和9年12月28日）。もっとも、譲渡することができる将来債権に限定があるか否かについては議論があり、基本的には債権が特定されていれば譲渡の対象足り得ると理解されています（最判昭和53年12月15日、最判平成11年1月29日）。

　基本方針では、この理解を前提としつつ、改めて将来債権の譲渡が可能であることを宣言することとしました（基本方針【3.1.4.02】〈1〉）。判例法理を実体法に取り込むという、基本方針の一つのスタンスを示すものといえます。

　なお、基本方針【3.1.4.02】〈2〉では、将来債権の譲渡が、契約上の地位の承継人に対しても対抗できるとするとの規定を置いています。例えば、Aを貸主、Bを借主とする賃貸借契約があり、Aが将来の賃料債権をCに譲渡したあと、Aが賃貸人たる地位をDに移転したとしても、Cは賃料を受け取り続けることができるということを示したものです。つまり、このような場

合には、AからCへと、AからDへの、将来債権の二重譲渡と似た関係が生じることになりますので、両者の優劣は第三者対抗要件の具備によって決定するということになります。この規定も、従来当然と考えられてきたことを明確化したものです。

将来債権の譲渡を受けた譲受人は、第三者対抗要件を備えるよう注意を払う必要がありますし、賃貸人の地位の移転を受け、賃料収入を期待する者は、将来の賃料債権の譲渡が行われて対抗要件が具備されていないかを調査するように気をつけなければなりません。

(2) 債権譲渡禁止特約の扱いが明確化

従来から、債権譲渡を禁止する特約を付することは認められていましたが(民466②)、その特約の効果については、条文上は「善意の第三者に対抗することができない」と規定されているのみで、「善意」「対抗」の意味が解釈上問題とされてきました。また、債務者が譲渡を承認した場合の特約の効力及び譲渡禁止特約の付された債権を差し押さえた差押債権者と債権者との優劣についても規定がなく、解釈に委ねられてきました。

従来のこれらの解釈については、おおむね次のような判例が確立していました。まず「善意」とは、債権譲渡禁止特約を重大な過失なく知らないことをいいます(最判昭和48年7月19日、民集27巻7号823ページ参照)。次に、「対抗」できないという文言とは異なり、債権譲渡禁止特約に反する債権譲渡は絶対的に無効であるとされてきました(大判大正4年4月1日、民録21輯422ページ参照)。また、譲渡を債務者が承認した場合には譲渡は有効となるとされています(最判昭和52年3月17日、民集31巻2号308ページ他)。そして、譲渡禁止特約の付された債権でも差押えは可能であるとされています(最判昭和45年4月10日、民集24巻4号240ページ参照)。

基本方針では、これらの考え方とほぼ同様の立場に立つのですが、このうち、譲渡禁止特約に反する債権譲渡の効力については、若干異なる立場に立

つことを明示しています。譲渡禁止特約に反する債権譲渡の効力を絶対的に否定するのではなく、譲渡人と譲受人間では有効だが、譲渡人と債務者との関係では無効という、いわゆる相対的無効という考え方に立ちます（基本方針【3.1.4.03】）。

この立場に立つことで、実務上どのような変化が生じるかが気になる点ですが、これについては、実例をあげて考えてみましょう。

御茶ノ水さんが、神田さんに100万円を貸しました。御茶ノ水さんと神田さんはこの100万円の債権について譲渡禁止特約を結びました。しかし、御茶ノ水さんは現金が必要となったので、小川さんに先程の債権を90万円で譲渡しました。この場合、神田さんは誰に弁済すればよいのかというのが大きな問題です。これまでの判例では、譲渡禁止特約に反する譲渡は絶対的に無効と解していましたから、御茶ノ水さんから小川さんへの譲渡は無効ということになります。従って、神田さんは御茶ノ水さんに弁済すれば足りることになります。また、小川さんは、不当利得として御茶ノ水さんに債権の代金90万円の返還を求めることになります。

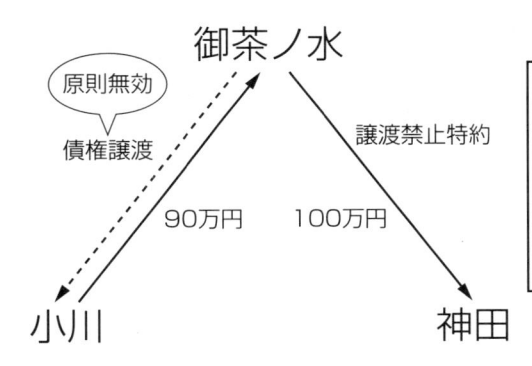

債権譲渡は無効なので、神田さんは御茶ノ水さんに100万円を弁済すればよい。
ただし、小川さんが譲渡禁止特約について善意無重過失の場合には債権譲渡は有効となり、小川さんに弁済しなければならない。

では、基本方針の場合はどうでしょうか。譲渡禁止特約により、神田さんは御茶ノ水さんがした債権譲渡の効力を無視して行動できますので、神田さんは御茶ノ水さんに弁済すれば足ります。一方、御茶ノ水さんから小川さん

への債権譲渡は有効になりますが、小川さんは神田さんから弁済を受けることができないことになります。それでは小川さんは困ってしまいます。しかも、不当利得ということにはならないので、小川さんから御茶ノ水さんに、瑕疵担保責任を問う以外には請求もできないので、弱り目に祟り目です。

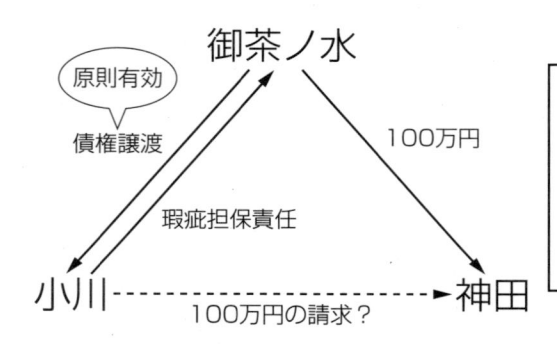

```
                    御茶ノ水
   ┌原則有効┐      ↗  ↖
   │債権譲渡│    ↗      ↖ 100万円
                ↗          ↖
              ↙              ↘
           小川 ─────────────→ 神田
                瑕疵担保責任
                100万円の請求？
```

債権譲渡は有効となるので、小川さんは神田さんに100万円を請求することができるはずであるが、神田さんからみると有効ではなく、例外的な場合にしか請求できない。
例外については、以下で説明。

このように考えますと、改正により債権譲渡の取引の安全の保護が低下したと思えますが、実際問題として大きな変化が生じたのではありません。というのは、譲渡禁止特約のある債権譲渡が債務者との関係でも有効であるとされる場合が、広く認められているからです。具体的には、

1．債務者が譲渡を承認した時
2．譲受人が譲渡禁止特約について善意又は重過失がない時
3．第三者対抗要件がある場合で、譲渡人について倒産開始決定があった時

です。上記1、2は、これまでの判例法理と同様の譲受人保護規定です。3は、異質なように見えますが、債権者に倒産開始決定があった場合には、譲渡禁止特約により保護すべき債務者の利益が失われたと解するべき事情ということであげられています。

（3） 債権譲渡の対抗要件が変わる！

① 第三者対抗要件

さて、今回の基本方針の改正案の中でも影響が大きいと一般に考えられているのが、この債権譲渡の第三者対抗要件の公示制度を、登記に一本化する制度改正です。

これまで、債権譲渡が行われた際に譲受人が債務者に請求する場合には、債務者対抗要件として、債務者に対する通知もしくは債務者の承諾を必要としていました（民467①）。そして、主に債権が二重に譲渡された場合の譲受人相互の優劣を決定する手法として、債務者に対する確定日付のある通知又は承諾が必要とされてきました（民467②）。しかし、この確定日付のある通知というのは、解釈上、様々な問題を引き起こしてきていました。この解釈上の問題とその解決の過程は省略しますが、いずれにせよ、そもそも債務者の認識を通じて対抗要件の有無を決定するというやり方自体に無理があるのではないかという批判も多く出てきたところなのです。従来は、「債務者が債権譲渡のインフォメーションセンターとなる」との理念で法制度が構築されてきたのですが、基本方針では、それより確実な、「登記」という公示制度を用いるべきという考え方を採用することにしました。

基本方針【3.1.4.04】では、「金銭債権の譲渡は、これについて債権譲渡の登記をしなければ、債務者以外の第三者に対抗することができない。」とし、すべての債権譲渡につき登記を要求したのです。これまでの動産・債権譲渡特例法で限定的に行われてきた債権譲渡の登記を、すべての金銭債権にまで拡大したことになります。

例えば、友人に対して、馬券の負け代として10万円を貸しただけでも登記をしなければならないとすれば、それは非現実的だという批判があり得るところだと思います。しかし、そもそも、こういう友人同士の貸し借りの債権を譲渡することは多くないと思われる上に、従来から確定日付による通知

を一般的に行っていたとも思えないので、少額の貸し借りについてのそのような批判そのものが非現実的だとの反論があり得るところです（もっとも、そのような批判に配慮してか、基本方針では、登記に類する公示方法の採用も検討対象となるとの付記がされています）。

② 債務者対抗要件

では、対債務者対抗要件はどのように考えることになるのでしょうか。これまで、民法では債務者に対する通知又は承諾（民467）が、動産・債権譲渡特例法では債権譲渡登記の登記事項証明書を交付して通知すること、又は債務者が承諾すること（動産・債権譲渡特例法4②）が、それぞれ債務者対抗要件として定められていました。

これに対し、今回の基本方針では、【3.1.4.05】において、債務者対抗要件を備えるのに必要な要件として、動産・債権譲渡特例法と同様に第三者対抗要件と債務者対抗要件とを区別する立場に立ち、債務者対抗要件として

1．債権譲渡登記の登記事項証明書を交付して債務者に通知する
2．譲渡人が債務者に通知をする（上記1の通知がされた場合は主張できなくなる）

の2つの方法を定めました。この規定は、動産・債権譲渡特例法で定められたものとよく似ています（動産・債権譲渡特例法4②）。ここで気をつけなければならないのは、従来認められてきた債務者の承諾という対抗要件が廃止された点です。債権譲渡の譲受人が債務者に対して、自分が債権者であると主張するということの利益を保護しようとしたものとされています。基本方針では、債務者は積極的に対抗要件を備えさせることができなくなり、債権譲渡の譲渡当事者が、自ら債権者であることを主張することができるだけになりました。

なお、これまで対抗要件という言葉を用いてきましたが、債務者に対して権利を行使するための要件なので、基本方針では「権利行使要件」という語を用いています。従来の「債務者対抗要件」と同じ意味です。

③ 債務者対抗要件の通知の競合

　この他の大きい論点としては、債務者に対する通知が2つも3つも来たような場合の処理が、従来から問題となっていました。このような場合、従来は、(i)確定日付のない通知が競合した場合、(ii)確定日付のある通知が競合した場合、(iii)確定日付のある通知とない通知をそれぞれ受けた場合、の3類型に従って考える必要がありました。

これまでの扱い

(i)　確定日付のない通知が競合した場合
　　→債権者に優劣がないので、債務者はどの譲受人に対しても弁済することができる。
(ii)　確定日付のある通知が競合した場合
　　→債務者に先に到達した通知を出した債権者が優先する。
(iii)　確定日付のある通知とない通知をそれぞれ受けた場合
　　→確定日付のある通知を出した債権者が優先する。しかし、先に確定日付のない通知を受けて弁済した場合は有効な弁済となる。

　これに対して、基本方針での扱いはどう変わるのでしょうか。基本方針では、金銭債権の債権譲渡の第三者対抗要件は登記とし、債務者対抗要件（権利行使要件）は登記事項証明書を交付して行う通知又は無方式の通知の2種類とされています（基本方針【3.1.4.05】、【3.1.4.06】）。

基本方針での扱い

(i)　無方式の通知が競合した場合
　　→債権者に優劣がないので、債務者はどの譲受人に対しても弁済することができる。
(ii)　登記事項証明書を交付して行う通知が競合した場合

→登記の日付の先の債権者が優先する。日付の先後が分からないときは、債務者がどの譲受人に対しても弁済できる。
(iii) 登記事項証明書を交付して行う通知と無方式の通知が競合した場合
　　→登記事項証明書を交付して行う通知を出した債権者が優先する。しかし、先に無方式の通知を受けて弁済した場合は有効な弁済となる。

（4）　異議なき承諾はどうなるの？

　従来から、異議なき承諾の法的性質が問題とされていました。異議なき承諾は、譲渡人に対して対抗できる抗弁権があるにもかかわらず、それを無条件で承認するものです。この承諾には、債務者が債務の承認をしたことになるのか（意思表示説）、取引の安全のために公信力を与えたものに過ぎないのか（公信力説）の対立があり、公信力説が通説とされてきました。公信力説というのは、要するに、抗弁権があるのにそういうものを無条件で承認するということを表した以上、第三者がその外観を信頼することはやむを得ないので、第三者を保護しようというものです。
　しかし、債務者が保有している抗弁権をなくすのだから、意思表示によるべきであるとの主張にも説得力があり、理論的でもあります。基本方針【3.1.4.08】では、債務者が意思表示によって抗弁権を放棄するという構成をとり、意思表示説をとることを明らかにしました。このように、意思表示説をとる場合、債務者が抗弁権の存在を知らない状態で異議なく承諾をすると、意思表示の効力は認められないという結果になります。これは、債権の取引の安全を脅かす可能性があります。この観点から、異議なき承諾は書面で行わなければならないとしたものと考えられます。
　もっとも、従来から異議なき承諾の錯誤無効の主張を認めた判例もあり、必ずしも大きな変化があるともいえないと思われます。

第2節 ｜ 債務引受

　債務引受については従来明文の規定はなく、専ら解釈により並存的債務引受と免責的債務引受の二類型があるとされてきました。並存的債務引受については、(i)債務者と引受人のみの合意でできるか、(ii)債権者と引受人のみの合意でできるか、という二つの問題が提起されてきました。

　この点については、債権者としては債務の引き受け手が増えるのでデメリットはなく、債務者としても保証であれば債務者の意思に反しても可能であることからすると、(i)も(ii)も認めてよいと考えられています。また、免責的債務引受についての従来の考え方には、(i)債権者と引受人の合意によって行うことができる、(ii)債務者と引受人の合意のみで免責的債務引受ができるかは不明確、の2つがありました。

　(i)の点については、債務者の意思に反する免責的債務引受ができないとする見解もありましたが、債権者が債務者の意思に反して債務を免除することができることからすると、結局は並存的債務引受と同様に債権者と引受人の合意によりすることができるとされてきました。(ii)の点については、債務者が変わることは債権者にとっては重大な問題なので、債権者の承諾が必要だということになりましょう。

　基本方針では、【3.1.4.10】～【3.1.4.13】でこれらの見解を明確にし、免責的債務引受は並存的債務引受に債権者の免除の意思表示を組み合わせたものと整理しました。その結果、上記議論は必要ではなくなり、結局債権者と引受人、債務者と引受人のいずれの契約でも債務引受を行うことができますが、免責的債務引受の場合に、債務者と引受人の契約で行う場合には、債権者の承諾を要するというこれまでの見解を法文化したことになります。また、並存的債務引受は連帯債務となるという、これまでの通説的見解を明らかにしています。

　ただし、債務引受とはいいつつ、保証の目的の場合もあることから、その

場合には、保証の規定を適用するとしました。この点は訴訟で争うような話なので、基本的には裁判での解釈規範として理解すれば足りるのではないかと思います。

第3節 | 契約上の地位の移転

　契約上の地位の移転については、明文の規定が従来はなかったために、規定をおいて明確化しました。契約上の地位の移転は、移転元と移転先の合意と契約の相手方の承諾を必要とするというこれまでの考え方を踏襲したものです（基本方針【3.1.4.14】）。

第6章 保証

第1節 保証とは

(1) 保証の定義が拡大―保証引受契約による成立

　現行民法には保証の定義はありません。現行民法第446条第1項には「保証人は、主たる債務者がその債務を履行しないときに、その履行をする責任を負う。」という保証の効果が定められており、保証の効果を発生させるためには、債権者と保証人との間で契約（「保証契約」）を締結する必要があるとされていました。

　基本方針【3.1.7.01】〈1〉では、保証を、「保証人が債権者に対して、債務者の負う債務につき、その履行（損害の賠償を含む。）をする義務を負うこと」と定義しています。この定義自体は、現行民法における考え方と変わりません。しかし、保証を成立させる方法につき、基本方針【3.1.7.01】〈2〉は、保証契約の方法に加え、債務者と保証人との間の契約（「保証引受契約」）の方法による保証を認めています。

　保証引受契約については、保証引受契約に基づく債権者の権利は、債権者が同意の意思を表示した時に発生するが、保証引受契約の存在を債務者に対して表示した時に発生する旨の慣習がある場合には、それに従う、という提案がなされています（基本方針【3.1.7.01】〈3〉）。これにより、債権者の権利が発生した後は、債務者又は保証人はこれを変更・消滅させることができ

ません（基本方針【3.1.7.01】〈4〉）。保証人は、債務者との間の契約に基づき債務者に対して主張し得る抗弁をもって、債権者に対抗することができます（基本方針【3.1.7.01】〈5〉）。

（2）　併存的債務引き受けとの関係

　保証と極めて類似した効果を得られる法律関係として、債務者と引受人との合意でも効果が生じる併存的債務引き受けが現行民法の下で認められてきました（本書第3編第5章第2節参照）。基本方針【3.1.4.10】〈3〉では、債務引受の合意によって引受人の負う債務が債務者の負う債務を保証する目的のものであるときは、保証の規定が準用されると規定しています。

　効果が極めて類似しているのだから、債務引受と同様に、債務者と保証人との合意で保証関係の成立を認めてよいという考え方が、保証引受契約を認めた理由の一つになっていると考えられます。

（3）　実務への影響

　保証引受契約については、用いる場面や書式等についての検討が必要です。検討に際しては、従来の併存的債務引受における考え方を参考にするのが有用だと思われます。

　基本方針【3.1.7.01】〈3〉のただし書は、社債保証や電子記録債権保証等、債権者が同意する前に流通することが予定されている債権を念頭に置いています。保証が付いていることを前提として流通する債権について、保証の内容が債務者と保証人の意思により変更・消滅させられるのは不都合だからです。どのような債権がただし書にあたるのかは、今後の検討に委ねられると思われます。

第 2 節 | 保証契約・保証引受契約の締結

（1） 保証契約・保証引受契約の方式

　基本方針【3.1.7.02】〈1〉は、保証契約・保証引受契約は、「書面でしなければ、その効力を生じない。」としています。保証契約については現行民法第 446 条第 2 項と同様ですが、保証引受契約についても同じ規制になっています。

（2） 保証契約・保証引受契約締結の際の努力義務

　従来、保証については保証契約に対する無理解、安易な保証、保証期間に関する無理解等の多くの問題が指摘されてきました。

　そこで、基本方針【3.1.7.02】〈2〉及び〈3〉は、保証契約・保証引受契約締結に際して、〈ア〉「契約条項は、明確かつ平易な言葉で表現されること」、〈イ〉「保証人に、その責任の内容につき、正確な認識を形成するに足りる情報を提供すること」、〈ウ〉「保証人の資力に比して、過大な責任を負わせないこと」に努めなければならないとしています。

（3） 実務への影響

　書面性の点は、従前通りの考え方でよいと思われます。

　努力義務については、違反の効果は明らかにされていませんが、情報不提供による取消権（基本方針【1.5.16】〈2〉）や損害賠償請求権（基本方針【3.1.1.10】）が問題になると思われます。約款を用いる場合には、不当条項に関する基本方針【3.1.1.32】も問題になり得ます。

　上記努力義務の具体的内容も問題となります。

　保証契約書のひな形、重要事項説明書などの内容を検討する必要がある他、保証契約あるいは保証引受契約締結時の説明マニュアルの整備、締結時

の説明の証拠化等が必要となると思われます。金融商品の販売窓口におけるマニュアル等が参考になるのではないでしょうか。

第3節　催告の抗弁の削除

（1）　催告の抗弁とは

　催告の抗弁とは、保証人が債権者から請求された場合に、まず主債務者に催告しなければ保証債務を支払わないと主張して支払いを拒むことです（民452）。

　しかし、主たる債務者が明らかに無資力の場合に催告をさせることは不必要であり、かつ、債権者に不利益な結果となること、諸外国の立法例にも催告の抗弁権を認める例がないことから、基本方針【3.1.7.05】〈1〉は現行民法第452条の削除を提案しています。

（2）　実務への影響

　現行民法下の実務では、一般に連帯保証が用いられており、催告の抗弁権はあまり問題になりません。検索の抗弁は維持されている（基本方針【3.1.7.05】〈2〉）ので、提案通りの民法改正がなされたとしても、連帯保証を用いる実務に変更はないと考えられます。従って、催告の抗弁を削除することによる実務上の影響は小さいと思われます。

第4節　主債務者の債権者に対する抗弁と保証

（1）　判例により形成されたルール・通説の明文化

　主債務者が、同時履行の抗弁等の抗弁権により債権者に対する債務の履行

を拒むことができる場合に、保証人も主債務者の有する抗弁権を援用して保証債務の履行を拒むことが判例上認められてきました（同時履行の抗弁権について、最判昭和 40 年 9 月 21 日、民集 19 巻 6 号 1542 ページ）。基本方針【3.1.7.07】〈1〉は、これを明文化するものです。

【3.1.7.07】（主たる債務者について生じた事由の効力）
〈1〉 保証人は、主たる債務者が債権者に対して有する抗弁をもって、債権者に対抗することができる。
〈2〉 主たる債務者が債権者に対して相殺権を有するときは、保証人は、その限度で、債権者に対する履行を拒むことができる。
〈3〉 主たる債務者が、債務の発生原因である契約について、取消権、解除権等を有するときには、保証人は、その限度で、債権者に対する履行を拒むことができる。

　主債務者が、債権者に対して相殺可能な反対債権を有している場合において、現行民法第 457 条第 2 項は、保証人が「相殺をもって債権者に対抗することができる」と定めていますが、この条文が保証人による相殺権の行使を認めたものか、相殺が可能な範囲で弁済を拒むことを認めたにとどまるのかについては、学説上争いがありました。基本方針【3.1.7.07】〈2〉は、弁済を拒むことを認めたにとどまるとする通説を明らかにするために、現行民法第 457 条第 2 項を改正するものです。

　基本方針【3.1.7.07】〈3〉も、主債務者が取消権、解除権等を有する場合に、保証人もその限度で債権者に対する履行を拒むことができるとする通説を明文化するものです。

（2） 実務への影響

　現行民法下の実務は、判例・通説に従ってなされているため、大きな影響

はないと思われます。ただし、取消権・解除権については、現行民法に条文がないところを明文化するものであり、紛争解決の予測可能性が高まることが期待されます。

第5節　保証連帯の原則

（1）　複数人の保証人は連帯する

　現行民法第456条によると、100万円の主債務について保証人が5名いる場合、これが連帯保証でない限り、保証債務の額は1人20万円ずつとなります（分別の利益）。しかし、これでは担保を強化しようと保証人を増やすと、かえって債権者に不利益が生じかねません。また、基本方針では保証引受契約により、債権者が関与しないまま保証が成立するので、債権者が不測の不利益を被る可能性もあります。

　そこで、基本方針【3.1.7.08】〈1〉は、分別の利益を廃止し、数人の保証人がいる場合には連帯するものとしました。

　これは、全員が全額を単純保証するという趣旨であり、後述する連帯保証とは区別する必要がある点に注意が必要です。

（2）　実務への影響

　債務者にとっては、現行民法よりも不利になる改正であり、改正直後は上述した説明努力義務の一環として、詳しく説明した方がよいと思われます。

第 6 節 事前求償権の廃止と適時執行義務

（1） 求償とは

　求償とは、保証人が保証債務を履行した場合に、主債務者あるいは他の保証人に対して、履行した額の補償を求めることです。

　事前求償権とは、保証債務を履行する前に行使できる求償権のことです。基本方針【3.1.7.11】は、現行民法第 460 条で定められている事前求償権を廃止し、これに合わせて概念の整理を行うとともに、基本方針【3.1.7.09】、【3.1.7.10】で求償権に関する規定の整理を行っています。

（2） 適時執行義務

　適時執行義務（基本方針【3.1.7.06】）とは、債権者が主債務者の財産について適時に執行することを怠ったために債権回収に失敗した場合に、適時に執行していれば弁済を得ることができたであろう限度で、保証人が保証債務を免れるというものです。現行民法第 455 条で認められているものです。

（3） 適時執行義務と関係する事前求償権

　現行民法第 460 条は、主債務者が破産手続開始の決定を受け、かつ、債権者がその破産財団の配当に加入しない時（第一号）及び債務が弁済期にある時（第二号）に、保証人による保証債務履行前の求償権行使を認めています。この趣旨は、債権者が適切な行為をせずに主債務者から債権を回収できなかった場合に、保証債務を履行した保証人が主債務者からの求償を受け損ねるのを防ぐために、事前に求償することを認めるものです。

　しかし、基本方針【3.1.7.11】は、上記の現行民法第 460 条第一号及び第二号の場面が、債権者が適切に執行を行わなかったために弁済を得られなかった場合と問題状況が同じだと考えて、現行民法第 460 条第一号及び第二号

を、適時執行義務の問題として扱うことにしました。

(4) その他の事前求償権

現行民法第460条第三号は、債務の弁済期が不確定で、かつ、その最長期をも確定することができない場合において、保証契約の後10年が経過した時に事前求償権を認めています。例えば、無期の年金や終身定期金を保証する場合がこれにあたります。

提案では、このような場合には主債務の額が定まらず、求償権の額も定まらないので、そもそも事前求償権が問題になる場面ではないと考えて、この点に関する事前求償権も廃止することにしています。

(5) 実務への影響

債権者の立場からすると、適時執行義務は注意すべき点です。しかし、連帯保証においては適時執行義務の適用はなく（基本方針【3.1.7.13】〈3〉）、ほとんどの保証が連帯保証である現在の実務を前提にすれば、適時執行義務が問題となる場面は少ないと思われます。

現行民法第460条第一号及び第二号による事前求償権を廃止することに関しては、保証会社が保証債務履行請求を受ける前に債務者から回収を行うことにより、実質的に銀行の回収業務を手助けしているという実務について、銀行法等の問題が生じてしまうとの指摘がなされています。これに対し、保証会社と主債務者の間で事前に回収ができるとの特約を結べば問題はないとの反論がなされています（沖野眞己＝小粥太郎＝道垣内弘人＝片岡義広＝吉元利行「債権者代位権、詐害行為取消権、多数当事者の債権および債務の関係、債権譲渡（中）」『NBL』No. 908、58ページ）。

事前求償権の廃止により保証人の権利が後退することになるので、資力に不安がある主債務者の保証人になる場合には、このような特約を検討する必要が出てくるかもしれません。

第7節 連帯保証に関する規律

（1） 商取引と連帯保証

　現行商法第511条第2項は、「保証が商行為であるとき」には当然に連帯保証になるとされています。しかし、これには債権者にとって商行為性を有する場合を含むとするのが判例（大判昭和14年12月27日、民集18巻24号1681ページ）であり、個人の保証人が意識しないうちに連帯保証債務を負ってしまう可能性があるという問題点が指摘されてきました。

　基本方針【3.1.7.13】〈2〉は、「事業者がその経済事業の範囲内で保証をしたとき」に当然に連帯保証となるとすることにより、個人が保証人になる場合を除くことにしています。

（2） 保証人について生じた事由と主債務者への影響

① 連帯保証人に対する請求と時効中断

　現行民法第458条は同第434条を準用しているため、連帯保証人による履行請求により、主債務者に対する債権の時効も中断するとされています。しかし、連帯保証は主債務者の知らないところで成立するため、主債務者の知らないところで時効が中断する恐れがあることについて、強い批判がありました。

　これを受け基本方針【3.1.7.13】〈5〉は、連帯保証人に対する請求によって主債務者に対する債権の時効が中断しないこととしています。

② 連帯保証と混同

　現行民法第458条は、同第438条を準用しており、連帯保証人について生じた混同（例えば、連帯保証人による債権者の単独相続）は主債務者にも効力を有するとしています。しかし、通説は、混同により連帯保証債務が消滅する結果、連帯保証人は主債務者に求償権を取得すると解釈しています（我妻

栄『新訂債権総論（民法講義Ⅳ）』岩波書店、1964、501～502ページ）。

　提案は、このような迂遠な法律構成を避けるために、混同により保証債務が消滅しても、主債務は影響を受けないこととしています（基本方針【3.1.7.13】〈8〉）。

（3）　実務への影響

　前記（1）については、当然に連帯保証となる範囲が狭まるため、注意する必要があります。
　(2) ①については、連帯保証人に対する請求によって、主債務者に対する債権の時効が中断しないことになるので、債権管理について、これまでと異なる注意をする必要があると思われます。(2) ②については、現行民法下の解釈と同じ結論になりますが、主債務の消滅時効が迫っている時に混同が生じた場合には、債権者となった連帯保証人は、債権管理を適切に行う必要があると思われます。

第8節　根保証に関する規律

（1）　極度額の範囲拡大

　根保証契約とは、一定の範囲に属する不特定の債務を保証する保証契約をいいます（例えば「AのBに対する売掛債務の保証」等）。現行民法も、基本方針も、責任の範囲が無制限に広がることにより個人保証人が予期せぬ不利益を負うのを防止するために、責任範囲の上限として極度額を定めることにしています。しかし、基本方針は、極度額を要求する範囲を以下の通り拡大しました。
　現行民法第465条の2では、「その債務の範囲に金銭の貸渡し又は手形の割引を受けることによって負担する債務が含まれる」根保証契約についての

み、極度額の定めを要求しています。

　基本方針【3.1.7.14】は、保証人が法人である場合を除いて、すべての根保証契約につき、極度額の定めを要求することにしています。

　また、基本方針【3.1.7.15】〈1〉は、同じく保証人が法人である場合を除いたすべての根保証契約について、元本確定期日につき、5年を超えない範囲の日にすることを求めています。これは、不利益の拡大を時間的に制限するものです。5年を超える日を定めた場合、あるいは元本確定期日を定めなかった場合には、元本確定期日は根保証契約の締結の日から3年を経過する日とされます（基本方針【3.1.7.15】〈2〉）。

　元本確定期日に関する定めの内容は、現行民法第465条の3と変わりませんが、範囲は極度額を要求する範囲と同様に広がりました。

（2）　実務への影響

　元本確定期日の期間を最長5年とし、定めがない場合を3年とする点については、継続的取引を望む中小企業等のニーズに合致するかという点から反論がされています（「債権者代位権、詐害行為取消権、多数当事者の債権および債務の関係、債権譲渡（中）」（前掲）59ページ）。5年というのは、継続的取引について、担保として保証を用いる場合には短いという趣旨の指摘だと思われます。

　実務上は、債権管理の一環として、根保証の元本確定期日の管理を徹底することが必要になると思われます。

第4編

各種の契約

第1章 典型契約─民法が用意する契約類型

第1節 │ 典型契約と非典型契約

（1） 任意規定と強行規定

　企業が、企業や消費者と契約を結ぶ時、その内容は、「法律」に反しない限度で自由に決めることができます。

　しかし、この場合の「法律」は、法律のすべてというわけではありません。民法の中には、当事者が法律と異なる定めをすることを認めている規定（これを「任意規定」といいます）が多く含まれているからです。

　例えば、アパートを有している企業が部屋を入居者に貸した場合、賃貸借契約についての現行民法第614条によれば、賃料は、建物については毎月末に支払わなければならないとされていますが（5月分の家賃を5月31日までに支払うということです）、一般には、賃料は前月の末日までに支払うという契約をしていることが多いと思われます（5月分の家賃は普通は4月30日までに支払います）。これは、当事者が契約によって民法とは異なる合意をしているからですが、それが許されるのは、現行民法第614条が任意規定だからです。

　他方において、お金を貸す時に利息を年50％にする消費貸借契約や、クーリング・オフが法律上定められている場合にそれを認めない売買契約は、いくら当事者がそれで納得していても、日本では認められません。それは、

これらが当事者の合意によっては緩和することのできない法律（「強行規定」といいます）に反しているからです。

他にも、1万円の商品の売買契約について、納期を1日でも守れなかったら賠償として1億円を払うというような、損害賠償額の予定条項のような公序良俗に反する契約も認められません（公序良俗については本書23ページ参照）。

認められないということは、裁判所がその契約に従った判決をしてくれないということですから、日本国内においては、そのような強行規定に反する契約は実際のところ効力を持たないのです。さらに、談合のように刑事罰によって禁止されているような契約をした場合には、効力を持たないだけではなく、刑事裁判にかけられて刑罰を受けることもあります。

（2） デフォルト・ルール

この編で取り上げる、売買、賃貸借、その他典型契約についての民法の定めは、多くが任意規定です。従って、企業が他の企業や消費者と契約を結ぶ時、その内容について話し合って、それと異なる内容の契約を結ぶことができます。

そうすると、もしそのような強制力のない決まりなのだとしたら、どうして法律でわざわざ定めているのかという疑問が生じるのではないでしょうか。それには2つの理由があります。

1つは、契約でその部分を定めなかった時、民法の規定が適用されるという点です。従って、（1）で取り上げたアパートの例でいうと、賃料は月に10万円とだけ定めて、仮に支払時期を定めなかったとすると、5月の賃料は5月31日までに支払えばよいということになるわけです。さらに、当事者の決めた契約の内容がよく分からない場合にも、その規定を参考にして当事者はそのように合意したのだろうと考えられることがあります。当事者の契約の定めがよく分からない場合というのも思いのほか多いのです。

もう1つは、契約を整理する道具としての役割です。現在の民法が用意している典型契約は13種類ですが、企業間の契約には本当に多様な種類のものがあります。しかし、例えば「企業情報国際開発営業プロデュース契約」といった契約があったとして、その契約の性質がどういうものなのか、契約の種類は無数にあるのですから、ゼロから考えていくのは簡単ではないことになります。そこで、この契約のある部分は委任契約に似ているとか、こちらの部分は請負契約に似ているとか、ここは売買にとかというように裁判官や弁護士は考えていくのです。法律家は必ず民法を勉強したことがありますから、このように考えていくことで、どんな契約を前にしても、同じ道具で契約の中身について議論をすることが可能になるわけです。

　つまり、民法の用意している任意規定、典型契約はいわゆるデフォルト・ルールとして機能していることになるわけです。

第2節 | 実務担当者にとって大切なこと

　任意規定と聞くと、あるいは契約で自由に決めることができるのだから大切ではないと思うこともありそうです。しかし、どのような契約を結ぶに際しても、その契約がデフォルト・ルールとどの点で共通で、どの点で異なっているのかということを意識するべきであるといえるでしょう。

　民法は、大昔から法律家が議論を続けてきたことによる伝統の上に作られた一種の「経験知」ですから、典型契約がなぜ13種類なのかというのも、必ずしも合理的に説明ができるというものでもないのですが、法律家（裁判官、弁護士等）は、一般に、そのルールが公平であると考える傾向があります。従って、そのルールを変更する場合には、その変更をする意味や、変更した方がよりよい契約になるという合理的な説明が必要になるのです。

　債権法の改正は、そのようなデフォルト・ルールの修正でもあるといえます。

第3節 典型契約の配列

　現在の民法の典型契約は、贈与、売買、交換、消費貸借、使用貸借、賃貸借……という順序で並べられています。しかし、売買と贈与とでは、売買の方が重要で頻繁に用いられる契約類型であるし、使用貸借と賃貸借についても、一般に用いられるのは賃貸借です。現在の民法で、贈与が売買よりも先に置かれているのは、贈与の方がより単純な契約類型であるからだということですが（民法（債権法）改正検討委員会編『詳解 債権法改正の基本方針Ⅳ』商事法務、2010、4ページ）、この点について、基本方針では、「重要で基本的な契約」が先に配置されています（内田貴『債権法の新時代―「債権法改正の基本方針」の概要―』商事法務、2009、178ページ参照）。

　従って、例えば売買と贈与とでは、より基本的な契約類型である売買が先

［典型契約の順番の新旧対照表］

〈現在の民法〉	〈基本方針〉
1　贈与	1　売買
2　売買	2　交換
3　交換	3　贈与
4　消費貸借	4　賃貸借
5　使用貸借	5　使用貸借
6　賃貸借	6　消費貸借
7　雇用	7　ファイナンス・リース
8　請負	8　役務提供
9　委任	9　請負
10　寄託	10　委任
11　組合	11　寄託
12　終身定期金	12　雇用
13　和解	13　組合
	14　終身定期金
	15　和解

に、賃貸借と使用貸借とでは、現代の社会において重要な役割を担っている賃貸借を先にするというように、順番を入れ替えているのです。

第4節　典型契約の定め方の変更点

　その他の変更点としては、現行の民法は、それぞれの契約についての定めの冒頭にその契約の成立要件を置いているのに対して、基本方針では、定義の規定が置かれています。

　例えば、消費貸借契約を見ると、現行の民法第587条は、消費貸借はある点について合意をして、金銭等を交付すると効力が生じるという書き方をしているのですが、基本方針【3.2.6.01】を見ると、消費貸借とはこういう契約です、という書き方になっています。

　これは、ある要件を満たすとある契約の効果が生じるという書き方よりも、それぞれの契約はこういうものですという定義を置いた方が、法律家でない一般市民に理解しやすい条文となるという配慮によるものです。

[定義規定とは]

〈現行の民法〉
　（消費貸借）
　第587条　消費貸借は、当事者の一方が種類、品質及び数量の同じ物をもって返還をすることを約して相手方から金銭その他の物を受け取ることによって、その効力を生ずる。

〈基本方針〉
　【3.2.6.01】　（消費貸借の定義）　消費貸借は、当事者の一方（貸主）が、相手方（借主）に、金銭その他の物を引き渡す義務を負い、借主が、引渡しを受けた物と種類、品質及び数量の同じ物をもって返還す

> る義務を負う契約である。

　他にも、それぞれの契約ごとの定め方の構成、どのような階層を設けて規定するかといった点も整理されています。

第5節｜新しい典型契約

　基本方針には、現行の民法には載っていない典型契約が新たに入れられました。典型契約は、既に述べたとおり、契約のデフォルト・ルールであったり、契約を整理するための道具である標準的な契約であったりするわけですが、民法（債権法）改正検討委員会は、デフォルト・ルールとしてふさわしい、あるいは標準的なものとしてそれらを置いたということになります。

　新しく入った契約類型としては、まずファイナンス・リース契約があり、それから、従来は委任、請負、雇用、寄託という整理がされていたサービスを提供する契約について、「役務提供契約」という整理の仕方をしています。ファイナンス・リース契約、役務提供契約については、章を改めて取り上げます。

　また、近年、フランチャイズ契約が重要な契約となり、それについて色々問題も生じていることを受けて、「継続的契約」という考え方を取り入れ、典型契約の部分の最後に、補則としていくつかの規定を入れています。

　ここからは、典型契約について、基本方針がどのような問題意識を持って、どのような改正を提唱しているのかについて、以下、売買、役務提供及び新たに典型契約として加えられるファイナンス・リースを主に取り上げて、見ていくことにしましょう。

第2章 売買契約

第1節 │ 有償契約の基本形—売買

　企業、個人を問わず、最も日常的かつ重要な取引は売買でしょう。

　現行民法上の多くの規定が売買を契約の典型例として想定しているように思われますし、前述のように、基本方針では贈与に替わって典型契約の先頭に配置されました。その意味で、売買の規定の内容がどのように変わるのか、非常に関心が高いところです。

　売買契約の改正について最も基本的な問題は、売主の担保責任をどのように位置付けるかという点にあったと、基本方針第3編第2部第1章の前注に示されています。

　そこで、以下、売り主の担保責任、特に瑕疵担保責任について、基本方針による主な変更点を少し詳しく見ていきたいと思います。

第2節 │ 瑕疵担保責任

（1）　瑕疵担保責任とは

　瑕疵担保責任とは、売買の目的物に「瑕疵」があった場合に、売り主がその「瑕疵」について買い主に対して責任を負う、という規定です。

　現行民法に「瑕疵」の定義規定はありません。基本方針は「瑕疵」につい

て、「その物が備えるべき性能、品質、数量を備えていない等、当事者の合意、契約の趣旨および性質（有償、無償等）に照らして、給付された物が契約に適合しないこと」という定義規定を置くことを提案しています（基本方針【3.1.1.05】）。この「瑕疵」の内容は、現在の実務的な理解とほぼ同じであろうと思います。

現行民法第570条は瑕疵担保責任について、「売買の目的物に隠れた瑕疵があったときは、第566条の規定を準用する。」と定めています。そして、現行民法第566条は、「そのために契約をした目的を達することができないときは」買い主は契約の解除ができ、それができないときは損害賠償の請求のみをすることができるとし、さらにこの契約の解除、損害賠償請求は「買主が事実を知った時から1年以内」にしなければならない、としています。読みにくくはありますが、つまり、現行民法は、売買の目的物に「隠れた瑕疵」があった場合に、買い主はその瑕疵の存在を知った時から1年以内に限り、契約の解除か損害賠償請求ができる、としているのです。

では、この瑕疵担保責任は基本方針でどのように変わったのでしょうか。

（2）　2つの考え方―法定責任説と債務不履行説

現行民法の瑕疵担保責任の解釈については、長い論争の歴史がありました。その要点をかいつまんで言うと、次のようなものです。

まず1つの考え方として、法定責任説と呼ばれる立場があります。この立場は、瑕疵担保責任を次のように考えます。まず、現行民法第483条は、「債権の目的が特定物の引渡しであるときは、弁済をする者は、その引渡しをすべき時の現状でその物を引き渡さなければならない。」と定めています。この、「特定物」とは、「その物の個性に着目して引渡しの対象とされた物」（『民法Ⅲ　債権総論・担保物権［第3版］』（前掲）16ページ）のことをいいます。つまり、第483条は、その物の個性に着目しているのです。例えば、アンティークの時計のような物の売買の場合、その時計は1つしかなく他の物

に替えることができないので、売り主は買い主に、現状のままその時計を引き渡せばそれでよい、と読めます（いわゆる「特定物ドグマ」）。この特定物ドグマを前提にすると、仮にその時計の内部の機械に不良箇所があり、買ってすぐに時計が動かなくなってしまった場合でも、売り主は、買い主が求めたその時計（つまり不良箇所のある時計）をそのままで引き渡している以上、何の責任も負わない（つまり、売り主は義務を果たした）ことになりそうです。そこで、現行民法は瑕疵担保責任の規定を設けて、本来ならば負わないはずの損害賠償などの責任を売り主に特に負わせて、買い主を保護したものである、と考えるのが法定責任説と呼ばれる立場です（現行民法が一般的な債務不履行責任とは異なる特別の責任を負わせた、という意味で「法定」責任説と呼ばれるのです）。この立場は特定物ドグマを前提としているので、特定物でないもの（不特定物、例えば、流通している新品の時計の売買）については、瑕疵担保規定の適用はない、と考えられることが多いのです（もっとも、判例は一定の場合に不特定物についても瑕疵担保責任の適用を認めています（最判昭和36年12月15日、民集15巻11号2852ページ））。

　法定責任説は、現行民法第483条の規定と整合的な印象を受けますが、強い批判を受けていました。つまり、たとえ物の個性に着目した取引でも、買い主はその目的物が通常備えているべき性能を求めている、という批判です。先程の時計の例でいえば、たとえアンティークでも、少なくとも買い主は、「動く」という時計として最低限の機能は求めていて、売り主は「動く」時計を引き渡す義務がある、というのが一般的な感覚でしょう。そう考えると、特定物の売買契約でも、売り主と買い主はその種類のものが通常有すべき品質・性能を備えた物（「動く」時計）を引き渡すことを約束していて、瑕疵ある物（不良箇所のある時計）を引き渡した売り主には債務不履行がある（つまり、約束したものを引き渡していない）、ということになります。このような考え方は、債務不履行説と呼ばれています（瑕疵担保責任も債務不履行責任の一種と考えるので、「債務不履行」説と呼ばれるのです）。この考え方は

特定物ドグマを前提としていないので、特定物、不特定物の区別なく瑕疵担保責任は適用されることになります。また、現行民法の瑕疵担保責任は、1年間の権利行使期間など、一般的な債務不履行責任にはない制限を加えた点に意味がある規定と捉えることになります。

(3) 基本方針は債務不履行説を採用

　このように、現行民法の瑕疵担保責任をどのように考えるのかについては、長らく激しい論争があり、現在も決着をみていませんが、次第に債務不履行説の考え方が有力になってきていました。現在の中古品市場等の整理を考えれば、先程のアンティークの時計のような物についても、同等のものを探すことが可能なことも多いでしょうから、特定物なので代替品が存在しない、という特定物ドグマの前提（特定物債権の特別扱い）も常に説得的とはいえないように感じます。また、世間的な売買当事者の意識としては、特定物か不特定物かを特に意識せずに、瑕疵担保責任を債務不履行的に捉えているようにも思われます。

　基本方針においては、前述のように、原始的に不能な契約も原則として有効とし（基本方針【3.1.1.08】）、また、債務者が負うべき義務の内容が合意によって定まるのは債権の目的物が特定物の場合でも同様なので、目的物について契約当事者が現状で引き渡せばよいと合意していない限り、当然に現状で引き渡せばよいということにはならないとして、現行民法第483条の廃止を提案し（基本方針【3.1.3.07】）、特定物ドグマからの脱却を目指しました。

　そのため基本方針は、瑕疵担保責任も、売り主が契約によって引き受けた性能などを満たしていない物を引き渡したという、一種の債務不履行責任の問題として捉えることにしています。

　つまり基本方針は、瑕疵担保責任について、債務不履行説の立場を採用したのです。

（4） 救済手段の多様化と整理

では、瑕疵担保責任について債務不履行説の立場に立つ基本方針では、現行民法と比較して、具体的にどの部分が変わったのでしょうか。

基本方針の提案で最も目を引くのが、瑕疵担保責任による買い主の救済手段として、損害賠償請求、解除に加え、代物請求・修補請求等による追完請求と、代金減額請求が明記されており（基本方針【3.2.1.16】〈1〉）、さらにそれらの救済手段相互の関係が整理されている点です（基本方針【3.2.1.17】）。

【3.2.1.16】（目的物の瑕疵に対する買主の救済手段）
〈1〉 買主に給付された目的物に瑕疵があった場合、買主には以下の救済手段が認められる。
　〈ア〉 瑕疵のない物の履行請求（代物請求、修補請求等による追完請求）
　〈イ〉 代金減額請求
　〈ウ〉 契約解除
　〈エ〉 損害賠償請求
〈2〉 瑕疵の存否に関する判断については【3.2.1.27】に従って危険が移転する時期を基準とする。

【3.2.1.17】（救済手段の要件と相互の関係）
【3.2.1.16】〈1〉で定められる各救済手段の認められる要件と相互の関係は、以下のとおりとする。
　〈ア〉【3.2.1.16】〈1〉〈ア〉の代物請求は、契約および目的物の性質に反する場合には認められない。
　〈イ〉【3.2.1.16】〈1〉〈ア〉の修補請求は、瑕疵の程度および態様に照らして、修補に過分の費用が必要となる場合には認められない。
　〈ウ〉【3.2.1.16】〈1〉〈ア〉において、代物請求と修補請求のいずれも可能である場合、買主はその意志に従って、いずれの権利を行使するかを選択する

ことができる。

　　この場合において、買主の修補請求に対し、売主は代物を給付することによって修補を免れることができる。

　　また、買主の代物請求に対し、瑕疵の程度が軽微であり、修補が容易であり、かつ、修補が相当期間内に可能である場合には、修補をこの期間内に行うことによって代物給付を免れることができる。

〈エ〉　【3.2.1.16】〈1〉〈イ〉は、売主に免責事由がある場合でも、また買主が履行請求権を行使することができない場合でも、認められる。ただし、買主に〈ア〉の救済手段が認められる場合、買主が〈ア〉の履行を催告しても売主がこれに応じない場合に限って認められる。

〈オ〉　【3.2.1.16】〈1〉〈ウ〉は、瑕疵ある物の給付、または催告があっても瑕疵のない物を給付しないことが契約の重大な不履行に当たることを要件とする。

〈カ〉　売主が免責事由を証明した場合には、【3.2.1.16】〈1〉〈エ〉の救済手段は認められない。

〈キ〉　【3.2.1.16】〈1〉〈ア〉の追完請求が可能な場合、【3.2.1.16】〈1〉〈エ〉の救済手段は、買主が相当期間を定めて〈ア〉の追完請求をし、その期間が経過したときに行使することができる。ただし、期間が経過したときは、売主は追完請求の時点から損害賠償債務について遅滞に陥るものとする。

〈ク〉　買主が【3.2.1.16】〈1〉〈イ〉の権利を行使した場合、【3.2.1.16】〈1〉〈ウ〉の救済手段は認められない。また、【3.2.1.16】〈1〉〈イ〉の権利と相容れない【3.2.1.16】〈1〉〈エ〉の救済手段は認められない。

① 追完請求と代金減額請求

　瑕疵担保責任も債務不履行責任と位置付ける基本方針の立場からは、瑕疵担保責任の規定は、債務不履行責任から直ちに導かれるわけではない救済手段を明記し、また、債務不履行責任の具体的な内容を救済手段として具体的に規定している点に意義があることになります。

　前述のように、追完請求は、不完全履行に対する一般的な救済手段として

明記されました（基本方針【3.1.1.57】）。瑕疵担保責任に関する追完請求の規定は、この一般的な追完請求の内容を具体的に規定する点に意味があります。

これに対して代金減額請求は、売買契約固有の救済手段ということになります。仮に売り主に免責事由が認められるような場合でも（つまり、売り主に対して損害賠償請求ができない場合でも）、代金に見合った性質の目的物の給付を受けていない以上、買い主はその分の代金減額を求めることができるのです。

② 各救済手段の整理

このように、目的物に瑕疵があった場合の買い主の救済手段は多様化されました。

そして、基本方針は、次のように各救済手段の関係を整理しています。

A 代物請求は、契約及び目的物の性質に反する場合には認められない。

B 修補請求は、修補に過分の費用がかかる場合は認められない。

C 代物請求と修補請求のいずれも可能な場合、買い主はいずれの権利を行使するか選択できる。この場合、売り主は、買い主に修補を請求された場合には、代物を給付することで修補を免れることができ、また、買い主に代物を請求された場合には、瑕疵の程度が軽微で、修補が容易で、かつ修補が相当期間内に可能な場合に、修補をこの期間内に行うことで代物の給付を免れることができる。

D 代金減額請求は、売り主に免責事由がある場合でも、買い主が履行請求をすることができない場合でも認められる。ただし、買い主が代物請求できる場合は、買い主は売り主に対し代物を給付するよう催告をしても売り主がこれに応じない場合に限って、代金減額請求ができる。

E 解除は、瑕疵のある物の給付、又は、催告があったのに瑕疵のない物を給付しないことが、契約の重大な不履行にあたる場合にのみできる。

F 売り主が免責事由を証明した場合は、損害賠償請求はできない。

> G　追完請求が可能な場合、損害賠償は、買い主が相当期間を定めて追完請求をし、その期間が経過した場合に請求できる。ただし、この期間が経過した時は、売り主は、追完請求を受けた時点から、損害賠償債務について遅滞に陥るものとする。
> H　買い主が代金減額請求をした場合、解除はできない。また、代金減額請求と相容れない損害賠償請求はできない。

　まず、A、Bについては、基本方針【3.1.1.56】（履行を請求することができない場合）の内容を瑕疵担保責任の場合に即して具体化したものです。前述のように、基本方針は瑕疵担保責任について、特定物も不特定物も同じルールで処理することを提案していますが、その物の個性に着目した取引自体を否定するものではありません。つまり、1点ものの美術品の売買のように、代物があり得ない場合には、代物請求は「契約及び目的物の性質に反する」のでできないことになります。

　Bは、「過分」の費用といえるかどうか、その費用の額を、売買契約の趣旨・性質や瑕疵の性質・態様に照らして具体的に判断することになりそうです。

　Cについては、修補請求に対して代物を給付することで応える場合と代物請求に対して修補で対応する場合とでは、後者の方が多くの要件を課され、その範囲が限定的です。これは、一般的に代物の給付を受けた買い主には特に不利益がないのに対し、修補では代物給付と同じような結果が得られない、又は買い主にとって同じ結果が得られたかどうかの確認が難しいことが想定できるからです。

　Dは、前述したように、代金減額請求が買い主の最低限度の救済手段として、損害賠償等ができない場合でも認められることを規定しています。ただ、売り主が代物を給付できる場合は、買い主は代物を手に入れることで特に不都合がなく、売り主は予定したとおりの利益を得ることができることか

ら、まずは代金減額よりも代物給付が優先されるとしています。

　Eは、瑕疵担保責任を債務不履行の一種とする基本方針の立場から、瑕疵担保の場合の解除も、基本方針【3.1.1.77】の解除の一般原則に定める要件に従うものとしています。Fも同様で、瑕疵担保責任の場合も、基本方針【3.1.1.62】の損害賠償の一般原則に従うことを定めています。

　Gは、追完請求と損害賠償の関係を定めたものです。損害賠償よりも追完請求を優先させていますが、これは、既に損害賠償請求権は発生しているけれども、売り主に一定期間の間だけ追完する機会を与えるという趣旨なので、売り主が結局追完に応じない場合には、追完請求を受けた時から遅滞に陥るものとしているのです。

　Hは、代金減額請求と解除、損害賠償請求との関係を定めるものです。代金減額請求は、給付された瑕疵ある物を保持したまま、代金の減額を求めるものですから、売買契約自体をなかったことにする解除とは矛盾します。又、買い主が損害賠償をする場合も、買い主が瑕疵のない物の給付を受けていたならば得られたであろう利益が失われたことの賠償を求める場合には、要するに、買い主は契約で合意したあるべき性能・品質の物を得られた場合の利益を求めているのですから、これが得られないことを前提にその分の代金減額を求める代金減額請求とは矛盾することになります。そこで、この両方の場合を制限しているのです。

（5）　通知義務

　瑕疵担保責任に関する基本方針の変更点の中でも、買い主の通知義務の提案は、多くの批判を受けているように思われます。

　具体的には、買い主は目的物の受領時、又は受領後に瑕疵を知った時は、「契約の性質に従い合理的な期間内」にその瑕疵の存在を売り主に通知しなければならず、この通知をしなかった場合には、買い主は目的物の瑕疵を理由とする救済手段を行使することができない、という提案です（基本方針

【3.2.1.18】)。もっとも、売り主が目的物の瑕疵について知っていた場合と、買い主が通知をしなかったことにやむを得ない事由がある場合には、救済手段を行使できるとされています。

　このような買い主の通知義務は、現行民法にはありません。そこで、この提案は、救済されるべき買い主に重い負担をかける規定として、批判を受けているのです。

　現行民法では、買い主は、目的物に瑕疵があることを知った時から1年以内に解除又は損害賠償の請求をしなければならないとされています（民570、566③）。さらに、判例上、この「請求」は「売主に対して、具体的に瑕疵の内容とそれに基づく損害賠償請求をする旨を表明し、請求する損害額の算定の根拠を示すなどして、売主の担保責任を問う意思を明確に告げる」必要があるものとされています（最判平成4年10月20日、民集46巻7号1129ページ）。

　このような現行民法の規定と比較すると、基本方針の提案は、瑕疵の存在を知った時からある一定の期間内に買い主が売り主に対して何らかのアクションを起こさないと、救済手段が失われるという面では共通しています。ただ、1年という固定的な期間ではなく、「契約の性質に従い合理的な期間」という柔軟な内容を採用している点、売り主に対しては「通知」で足るとしている点で違いがあるのです。

　このように見てみると、基本方針と現行民法とでは大きな違いはなく、むしろ、売り主に対して明確な意思を示す必要がない基本方針の方が、買い主に有利なようにも思えます。

　しかし、『民法（債権法）改正の要点』（佐瀬正俊＝良永和隆＝角田伸一編、ぎょうせい、2010、280ページ）も指摘するように、実務上、買い主が売り主に対して瑕疵の存在を（おそらく内容証明郵便で）「通知」するということは、事実上、売り主の法的責任を追及する意思を明確にしたも同然で、買い主にとっては重い決断になります。また、「契約の性質に従い合理的な期間」

が1年未満とは限らないとしても、買い主は売り主から、通知日が合理的期間内なのかを争われてしまうことになります。このような観点からは、やはり基本方針は現行民法より重い負担を買い主に課すものといえそうです。

(6) 瑕疵担保責任のその他の変更点

では、さらにその他の基本方針の具体的変更点を見ていきましょう。

① 瑕疵は「隠れ」ている必要はない

現行民法第570条は、売買の目的物の「隠れた」瑕疵のみを瑕疵担保責任の対象にしています。この「隠れた」とは、買い主が瑕疵の存在を知らず、また、その知らなかったことについて過失がないこと、であるとされています。つまり、現行民法では、買い主が目的物に瑕疵があることを知っていたり、瑕疵が容易に発見できたのにその努力を怠った場合には、瑕疵担保責任は認められないということです。

しかし、基本方針の立場からは、売買目的物が契約当事者間で合意した性能等を備えていないことを買い主が知ることができたとしても、売り主が合意した性能を備えた物を引き渡していない以上、売り主に債務不履行責任＝瑕疵担保責任があることに変わりはないことになります。

そこで基本方針は、「隠れた」瑕疵でなくとも、目的物に瑕疵が存在した場合には、瑕疵担保責任を認めることを提案しています（基本方針【3.2.1.16】〈1〉）。

② 不特定物も対象になる

前述したように、債務不履行説は、瑕疵担保責任の対象として特定物とそうでない物を区別しません。

基本方針では、不特定物も当然に瑕疵担保の対象となります。

③ 瑕疵はどの時点で存在すればよいのか

法定責任説の立場からは、目的物の瑕疵は売買契約を結んだ時に存在しなければならないとされてきました。なぜなら、法定責任説の立場では、瑕疵

担保責任は、売り主が目的物を「現状」のまま、つまり、契約を結んだ時の状態のまま買い主に引き渡したことを前提としているので、契約締結後に瑕疵が生じた場合は、瑕疵担保責任の問題ではなく、売り主の管理責任の問題（つまり、債務不履行責任）だと考えるからです。そこで、実務上は、物の瑕疵が生じたのが契約締結の前なのか後なのかがよく争われます。

しかし、基本方針の立場からは、瑕疵が生じたのが契約締結の前であろうが後であろうが、結局売り主が合意した性能を備えた物を引き渡していないことに変わりはないので、瑕疵の発生時期を契約締結の前か後かで区別する理由がありません。

そこで、基本方針は、瑕疵の存否の判断について、「【3.2.1.27】に従って危険が移転する時期」を基準にすることを提案しています（基本方針【3.2.1.16】〈2〉）。つまり、【3.2.1.27】に従って、買い主が目的物の引き渡しを受け、もはや契約を解除できなくなった時点（不動産については登記の移転を受けた時点）より前に瑕疵が生じた場合には、売り主は瑕疵担保責任を負うことになります。

④ 量的瑕疵も含まれる

現行民法第565条は、数量指示売買、つまり、「当事者において目的物の実際に有する数量を確保するため、その一定の面積、容積、重量、員数または尺度あることを売主が契約において表示し、かつ、この数量を基礎として代金額が定められた売買」（最判昭和43年8月20日、民集22巻8号1692ページ）で、実際にその面積等が足りなかった場合の売り主の担保責任について定めています。少し分かりにくい規定ですが、例えば、ひとかたまりの金塊（個性に着目しているので特定物取引です）を1キロいくらと価格を決めて買ったのに、その金塊に契約で表示された重さがなかった場合に、買い主は代金減額や解除などができるとしているのです。

基本方針は、前述したように、【3.1.1.05】で瑕疵の定義規定を提案していますが、その定義の中では、「その物が備えるべき……数量を備えていな

い」場合も「瑕疵」にあたるとしています。つまり、基本方針の提案では、先程の金塊の例はもちろん、市販のコーラを10本注文したのに9本しか届かなかったような場合も、売り主が約束した物のあるべき状態を実現していないという点で「瑕疵」にあたる、としているのです。

このように、基本方針は特定物、不特定物を問わず、量的瑕疵についても瑕疵担保責任の問題としており、現行民法第565条を廃止することを提案しています。

⑤　1年間の権利行使期間制限の廃止

前述のように、現行民法第570条、第566条第3項が定めるような、権利行使期間の制限は廃止されました。

従って、瑕疵担保責任に関する権利救済手段は、消滅時効の一般原則に従うことになります。

(7)　予想される実務への影響

以上で見てきたように、基本方針の瑕疵担保責任に関する提案は、現行民法の規定を一新したといってよいように思えます。

特に瑕疵担保責任の適用範囲が格段に広くなっていることもあり、実務的に、契約書雛形などの瑕疵担保責任に関する規定を中心とした見直しは必須であろうと思われます。

まず、瑕疵の有無は、当事者が契約でどのような物を目的物として合意したかという観点からチェックされることになります。これは現行民法も同様ですが、基本方針ではその姿勢がより鮮明に打ち出されていることから、目的物の性能、品質などは、より明確に規定しておくのが望ましいでしょう。

また、大きな変更点である買い主の救済手段の多様化に対応する必要があります。すなわち、基本方針の提案では、原則として買い主には修補請求権が認められています。つまり、従前は、修補請求について契約書上定めがない場合には買い主は修補を求めることができなかったのに対し、基本方針の

提案では、特に契約で修補請求権を排除していない限り、売り主は買い主の修補請求に応じなければならないのです。修補のための体制を構築できていない場合には、早急な対応が必要でしょう。さりとて、一般消費者を相手とする場合には、このような修補請求権の排除特約が有効なのか、場合によっては難しい問題となりそうです。

　その他、債務不履行説に立つ基本方針の立場では、瑕疵担保責任に基づく損害賠償の範囲は以前よりも広くなる可能性が高く、瑕疵があった場合の賠償範囲を制限する規定も必要となってくるでしょうし、瑕疵担保の権利行使期間について、業態、商品の特性などを考慮して具体的に記載しておくことも、より重要性を増すことになりそうです。

第3章　役務提供契約

第1節　サービス契約の重要性

　現代社会では、売買と並んで、サービスを提供する取引が重要です。学校の在学契約、病院との診療契約のように昔からあるものに加えて、情報を提供するサービスやコンサルタントのサービス等、物を売買する以外の多くのビジネスが、サービスを提供する契約です。

　これについて、現行民法は、契約を結ぶような法律行為をだれかにしてもらう契約である委任の類型を置き（民643）、それが法律行為でない事務の委託に準用される準委任となるという整理をしています（民656）。

　そもそも、明治時代に現行の民法が作られた段階では、役務提供契約は、雇用と請負のどちらかに分類することができると考えられていました（中田裕康＝窪田充見＝森田宏樹＝河野玄逸＝北島敬之「継続的契約等、賃貸借、ファイナンス・リース、役務提供、請負、委任、寄託（下）」『NBL』No. 915、34ページ参照）。当時は、役務の成果に対して代金を支払うものを請負とし、役務そのものを目的とするサービスは広く雇用でカバーすることが考えられていました。しかし、戦後に労働基準法が作られて、雇用が使用者と労働者の契約について用いられるようになり、そのようなサービスの契約は、委任の準用規定を用いて準委任として整理されることになったというわけです。

　従って、現在の民法の整理の下では、多種多様なサービス契約の多くが、準委任契約と位置づけられることになります。

しかし、準委任契約については、先ほどの通り、委任の規定が準用されるとされているだけですので、様々なサービスの形態に十分に対応することが難しい部分がありました。例えば、現行民法の委任契約は無償でなされることが原則となっています（民648①）。これは、ローマ法の伝統を受け継ぐ規定なのですが、現代の企業と消費者の契約は原則として有償ですので、この点では現実に合っていない規定といえそうです。

第2節 | 基本方針の整理

そこで、基本方針は、原則としての役務提供契約という考え方を置きました。この役務提供契約についての規定は、様々なサービス契約を整理するための典型契約として機能すると同時に、現行の民法から受け継がれた請負、委任、寄託、雇用の契約類型の総則規定としても機能することになっています（基本方針【3.2.8.03】参照）。

現行の民法では、委任契約を準用する準委任契約は、結果の実現を目的としていない点に特徴があります。請負の規定である第632条には「仕事を完成することを約し」ということが書かれているのに対し、委任の規定である第643条には「法律行為をすることを相手方に委託し」となっているのですが、ここでは、原則として、何か結果を出すことが法律上は定められていないのです。

これに対して、基本方針では、結果債務と手段債務という区別を用いて整理がされています。

基本方針【3.2.8.02】〈1〉は、「当事者が契約で定めた目的または結果を実現することを約した場合には、役務提供者は、それを実現する義務を負う。」としています。役務提供契約においては、提供者が相手に対し、結果の実現を約束しているのかどうか、言い換えると、結果が実現できなかった場合のリスクをどちらが引き受けるのかが問題になるということです。

この区別の説明の例としては、医師は、最善をつくして患者を診る義務を負うが、それでも必ず治るというわけではないから、医師の義務は手段債務であるというようなものがよく指摘されます。しかし、サービスの種類によって必ず結果債務か手段債務かが決まるというわけではなく、医師の場合でも手術をするという債務を負った場合には、手術は行うということになるのですから、契約の内容として、何を依頼され約束したのかという点がポイントになります（道垣内弘人『ゼミナール民法入門 第4版』日本経済新聞出版社、2008、192ページ参照）。

基本方針【3.2.8.02】〈2〉では、有償の手段債務の場合は「役務提供者は、契約で定めた目的または結果［の実現］に向けて、善良な役務提供者に通常期待される注意を尽くして役務の提供を行う義務を負う。」とされていますから、役務提供者が結果を約束した場合には、その結果を実現する義務を負い、実現できないリスクは提供者が負うことになりますが、結果の実現を目的としない合意をした場合には通常のサービスの提供者がするべき程度の注意を尽くしてサービスを提供する義務を負うということになります。

第3節 役務提供契約の重要ポイント

（1） ビジネスの場面では有償が原則に

先に述べた通り、ローマ法の伝統に従って、現行の民法の委任契約及びそれを準用する準委任契約では、無償の契約が原則的ルールとして定められています（民648①）。

これに対して、基本方針では【3.2.8.04】において、「事業者が経済事業の範囲内において相手方のために役務を提供することを約したときは、相手方はそれに対して相当な報酬を支払うことを約したものと推定する。」との規定を設けました。つまり、ビジネスの場面では、原則として有償であると

いう規律にしたものです。

（2） 報酬の支払方式

次に、報酬を支払う方式ですが、基本方針では、役務提供の成果によって報酬を支払うという方式（基本方針【3.2.8.05】〈1〉）と、サービスを受けた時間など役務提供それ自体に着目して報酬を支払う方式（基本方針【3.2.8.05】〈2〉）の2つの場合が定められました。

例えば、経営コンサルタントの契約について、成果の完成に着目して報酬を払うこととすると、コンサルタントの関与によってある成果が出た場合に、それに着目して報酬を支払うことになるのに対して、コンサルタントの関与を受けた期間に応じて、顧問料のように1ヶ月いくらという方式で支払うこともできるということです。基本方針では、この2種類の方式を成果完成型と履行割合型と呼んでいます。

この成果完成型と履行割合型の支払方式の区別は、先ほど述べた結果債務と手段債務との関係に対応するようにも見えますが、必ずしもそういうことではありません。

確かに、結果債務の場合は、何かの成果を約束するわけですから、成果完成型の報酬支払方式をとることが多くなると思われますし、逆に、手段債務の場合には、何か結果を出すことが契約上の義務として定められているわけではないですから、1ヶ月いくらというような履行割合型の方式で支払いをすることが多いでしょう。

しかし、不動産売買の仲介のような媒介契約の例を考えてみると、媒介をする不動産業者には、通常、必ず買い手を見つけてくるという結果債務の義務が契約から課せられることはありませんが、報酬の支払い自体は、買い手が見つかった時である成果の完成によって支払われるとなっていたりします（「継続的契約等、賃貸借、ファイナンス・リース、役務提供、請負、委任、寄託（下）」（前掲）36ページ参照。なお、媒介契約については、委任の中の特別な類

型として基本方針【3.2.10.19】にいくつかの規律が置かれています)。従って、結果債務型の役務提供契約と手段債務型の役務提供契約は、それぞれ合意によって、成果が出た際に報酬を支払うと決めることも、提供者がサービスをすること自体に着目して報酬を支払うと決めることもできるという仕組みになっているのです。債務の種類の場面では「結果」、「手段」という用語が使われ報酬支払いの場面では「成果」、「履行割合」という異なる用語が用いられているのはこのためです。

また、報酬については、毎月一定の基礎的な報酬を支払うが、成果が出た場合にはそれに加えて報酬を支払うというように両者を組み合わせた内容の契約とすることもできます。

(3) 途中終了や提供不能の場合

役務提供契約においては、契約が途中で終了したり、サービスの提供を始める前に何らかの理由でサービスの提供ができなくなることが、比較的多くあると思われます。

役務提供契約は、先に述べた通り、成果完成型と履行割合型という2つの報酬の支払方法を用意しています。従って、1ヶ月いくらという方法で支払うことを合意していた場合は、途中で契約が終わってしまったら、その履行した時期まで支払うということになります(基本方針【3.2.8.08】〈2〉)。では、成果完成型で合意していて、何らかの事情で途中で契約が終了した場合、当事者が合意をしなければ、報酬は支払ってもらえないのでしょうか。この点については、基本方針【3.2.8.08】〈1〉が、「既に行った役務提供の成果が可分であり、かつ、既履行部分について役務受領者が利益を有するときは、役務受領者は既履行部分については契約を解除することができない。この場合において、役務提供者は既履行部分に対する報酬を請求することができる。」と定めていますので、役務の提供が部分ごとに分けられる場合には、その分について、支払いを請求できるということになります。

では、サービスの受け手側に何らかの原因があって、サービスの提供ができなくなってしまった場合はどうなるのでしょうか。

基本方針は、サービスの受領者側に生じた原因によって、サービスの提供ができなくなった場合、役務提供者には、既に提供した役務の割合に応じた報酬と費用が支払われるとしています（基本方針【3.2.8.09】〈1〉）。

これに対して、サービスの受領者側に義務違反があって受領ができなくなった場合には、役務提供者は、約定通りの報酬から履行をしなかったことによりかからなかった額を差し引いた額の支払いを求めることができます（基本方針【3.2.8.09】〈2〉）。

（4） **解除の場合の規律**

役務提供契約においても、どのような場合にどちら側から解除ができるかというのはとても重要なポイントです。現在の民法で、サービスの提供契約を準委任契約であると構成することが多いことは先に述べましたが、準委任の関係が準用する委任契約においては、ローマ法の時代から双方の当事者の信頼関係を基礎として成立するものと考えられていて、両方の当事者が好きな時に解除ができるという規律が採用されています（民651①）。

これに対して、基本方針の役務提供においても、サービスを受ける側はサービスの提供が終わるまでの間、いつでも解除ができることとされています（基本方針【3.2.8.10】〈1〉）。もちろんその場合は、成果完成型か履行割合型かに応じて、それぞれサービス提供者側に報酬及び費用を支払わなければなりません（基本方針【3.2.8.10】〈2〉）。

しかし、有償のサービス提供者側からの解除は制限されます（基本方針【3.2.8.11】〈1〉）。この規律に、任意解除権をおよそ認めない甲案と、やむを得ない事由がある場合に限って解除ができるとする乙案が併記されていますが、やむを得ない事由というのは通常は認められにくい要件ですから、サービス提供者側からの解除は原則として難しいということになります。

サービスの提供契約を行っている場合、提供者側から解除したいという場合は少なくありませんから、この点は、現行の民法でサービス提供契約を準委任契約と構成する場合からの大きな変更点であるといえるでしょう。民法（債権法）改正検討委員会は、有償の、つまりビジネスの場面において、サービス提供者の側が任意に解除できるという規律は不合理だと考えたということです（「継続的契約等、賃貸借、ファイナンス・リース、役務提供、請負、委任、寄託（下）」（前掲）38ページ参照）。

なお、無償の契約の場合には、提供者の側が任意解除権を有しているとされています（基本方針【3.2.8.11】〈2〉）。無償というとビジネスの場面には関係ないようにも見えますが、メインの取引が有償でそれに関連して一部のサービスが無償で提供されている場合があり得ますので、その場合に、全体として有償の提供なのかどうかといった場面で関係してくることが考えられます。

第4節 役務提供契約の実務上の重要ポイント

以上の規律を踏まえて、取引の現場で契約書を作成したりする場合、どのようなことに気をつけるべきでしょうか。

これまで述べてきたように、現代の取引において大きな割合を占めるサービスを提供する契約においては、契約上の義務として結果債務型と手段債務型、代金について、成果完成型と履行割合型という区別をして整理がされています。そうすると、それだけで2×2の4通りの契約類型があるということになります。従って、まず第一に、自分がこれから作成しようとしている契約書がそれらのどの類例に当てはまるのか、どの類型に当てはめるべきかということをよく考えるべきでしょう。

さらに、解除の場面では、特にサービス提供者側からの解除は、サービスの受け手の義務違反がなければできない又はとても難しいという規律が採用

[役務提供契約の分類]

	報酬	
	成果完成型	履行割合型
内容 結果債務	①	②
内容 手段債務	③	④

されていますので、そこを変えるには、解除についての特約を結ぶか、あるいは提供者側からの解除を可能にするサービス受領者側の義務違反がどのような場合に生じるのかについて、契約書にきちんと明記しておくべきであると思われます。

　特約を結ぶ場合には、民法の定める原則として公平であると考えられているルールを変更するわけですから、その合理的な理由についても検討が必要でしょう。

第5節 | 請負その他の役務提供契約

　実務の中で紛争になる類型としては、サービスの契約と並んで、請負契約が非常に多く見られます。

　現行の請負契約は、仕事の完成が目的とされているものですから、先に述

べた通り、一定の内容の治療（例えば、インフルエンザワクチンの予防注射をする）は請負契約ということも可能でした（『ゼミナール民法入門 第4版』（前掲）192ページ参照）。

　これに対して、基本方針においては請負契約は、ある物について引き渡す義務を負う契約のみをいう、とその範囲が限定されました（基本方針【3.2.9.01】）。

　他に、委任、寄託のほか、新たな典型契約として取りあげられることが検討された銀行預金における流動性預金口座（普通預金や当座預金）について、寄託の特別類型として若干の規律が置かれました（基本方針【3.2.11.17】）。

　雇用については、現在は労働契約法によって詳細に規定がなされていて、民法はその前提として機能していますので、将来的には労働契約法との統合が提唱されています（基本方針【3.2.12.A】）。現段階で統合されないのは、労働関係法は使用者と労働者の代表者等の意見を聞いて立法がなされており、民法とはその法律の作られるプロセスが異なるためといわれています（『債権法の新時代―「債権法改正の基本方針」の概要―』（前掲）217ページ参照）。

第4章 ファイナンス・リース契約

　今回の債権法改正の基本方針では、新たにファイナンス・リースが典型契約として取り入れられたことが注目されています。

> 【3.2.7.01】（ファイナンス・リースの定義）
> 　ファイナンス・リースは、リース提供者が、ある物（以下、「目的物」という。）の所有権を第三者（以下、「供給者」という。）から取得し、目的物を利用者に引き渡し、利用者がその物を一定期間（以下、「リース期間」という。）利用することを忍容する義務を負い、利用者が、その調達費用等を元に計算された特定の金額（以下、「リース料」という。）を、当該リース期間中に分割した金額（以下、「各期リース料」という。）によって支払う義務を負う契約をいう。

　ファイナンス・リースは、その課税上等の利点から発展を続けてきていて、実際の取引の場面では、多種多様な契約が結ばれています。

　民法の示す契約の規律はその多くが任意規定であって、当事者がそれと異なる合意をすることができるものですから、ファイナンス・リースについても、現在使われている標準的な契約書が使えなくなることは、原則としてありません。

　特にファイナンス・リースの契約書を作成するのは、多くの場合リース取引の法律論と実務の双方に通じた大手リース会社ですから、その意味では、典型契約としてどうしてあえて取りあげたのか、疑問に思う方もいるかもし

れません。

　民法（債権法）改正検討委員会は、ファイナンス・リースを典型契約として取りあげた理由として、上記のように社会的に重要な契約類型であることのほかに、他の典型契約の１つに解消することのできない独自の性質を持った契約類型であって、またその独自性が判例によっても承認されていることを挙げています（民法（債権法）改正検討委員会編「債権法改正の基本方針」『別冊 NBL』No. 126、347～348 ページ）。ファイナンス・リースは、資金をリース会社から借り入れて物件を購入するものに近いと考えると金銭消費貸借契約に、リース会社から物件を借りているのだとすると賃貸借契約に近いように思えますが、物件が滅失してしまった場合でもユーザーは原則としてリース料の支払いを免れることはできない点で賃貸借契約とは根本的に異なっており、また消費貸借契約のようだといっても、物件の購入者はあくまでリース会社なのですから、資金を借り入れてユーザーが物件を買ったというのとは法律上は大きく異なる関係になっています。このような性質は現行の民法の典型契約では整理するのが難しいものなのです。

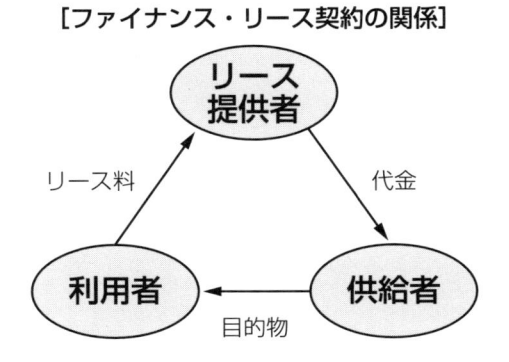

［ファイナンス・リース契約の関係］

　典型契約というのは、先に述べた通り、契約を考えていく上での道具立てですから、現在の典型契約という道具を使っては簡単に整理できない契約類型を整理するための新しい道具を提供するという意味があるといえるでしょ

う。

　従って、基本方針におけるファイナンス・リース契約の規律が、直ちに実務に与える影響は必ずしも大きくはないと思われるのですが、それでも意味がないわけではないのです。

　なお、実務上の影響を考えた場合、ファイナンス・リースは、主に税務上の利点があるために発展してきた契約類型ですから、法律上の規定よりも、税務又は会計上の取扱いが大きな影響を与えます。

　そのような会計上の取扱いと基本方針の定義とは必ずしもリンクしていないといわれていますが（中田裕康＝窪田充見＝森田宏樹＝河野玄逸＝北島敬之「継続的契約等、賃貸借、ファイナンス・リース、役務提供、請負、委任、寄託（上）」『NBL』No. 914、50ページ参照）、債権法の改正によって、それらの取扱いに影響があるかどうかという点が、実務上は注目される点であると思われます。

第5章 消費貸借契約—抗弁の接続

　その他の改正点として、最後に消費貸借契約の規定の中の抗弁の接続についての定めを見ておきましょう。

　今回の債権法改正には、先に見た通り消費者の保護を図る規定が多く置かれているわけですが、典型契約の中では、消費者が借り手となる金銭消費貸借契約について抗弁の接続を認めることが提案されています（基本方針【3.2.6.10】）。

　買い主が売り主から商品を買った場合、例えば、注文した通りの商品がきちんと納入されなかったり、毎月1個ずつ納入される契約になっていたのに途中で売り主が倒産してしまった場合等は、買い主は、その分の代金の支払いを拒むことができます。これが抗弁です。

　しかし、資金をローンで借りてその商品を買っていた場合は、そのような事情は原則として、ローンの貸し手に対しては主張することができません。これについて、次の3つの要件を満たす場合には売り主に対する抗弁を資金の貸し手にも主張できるようにするというのが抗弁の接続です。消費者がクレジット契約等で商品を購入した場合が対象になります。

　具体的には、(i)供給契約（売買でも役務提供でも構いません）と消費貸借契約がいずれも消費者と事業者との間の契約であって、(ii)供給契約と消費貸借契約とが（経済的に）一体であって、(iii)供給契約の供給者と消費貸借の貸し手が(ii)について合意していることが要件となります。例えば、クレジット会社の加盟店となっている商店やサービス提供業者から、消費者が、そのクレ

223

ジット契約を使って物やサービスの提供を受けた場合に適用になると考えられます。

　この規定は、一体性という概念の中身によって、広くなったり、狭くなったりしますから、立法化された場合には、どのような範囲をカバーするのか、様々な場合について議論がなされるものと思われます。今後、改正の議論を注視しながら、実務上の対応を検討することとなるでしょう。

[索　引]

項目索引

[あ　行]

異議なき承諾　174
意思表示説　174
一人計算　151
委任　211
請負　211, 218
役務提供契約　211

[か　行]

解除　65, 216, 217
　──の効果　73
解除権の行使期間　76
解除権の消滅　75
確定日付のある通知又は承諾　171
瑕疵担保責任　197
期限の利益喪失条項　138
危険負担制度の廃止　78
給付保持力　164
強行規定　192
契約交渉の不当破棄　39
契約の重大な不履行　65
契約を成立させる合意　32
結果債務　212
原始的不能　38
権利行使要件　172
合意による債権時効　162
合意による債権時効期間　159
交渉補助者等　40
公序良俗　23, 192
公信力説　174
抗弁の接続　223
合理人　125
雇用　211

[さ　行]

サービス契約　211

債権時効　158
債権時効期間満了の効果　164
債権譲渡登記　172
債権の更新　163
債権の効力　90
債権の準占有者に対する弁済　124
債権の二重譲渡　168
催告の抗弁　180
裁判上の請求　163
債務者が債権譲渡のインフォメーション
　センター　171
債務者対抗要件　172
債務引受　175
債務不履行説　199
時効援用権　165
時効援用権又は履行拒絶権の喪失　166
時効期間の更新　163
時効期間の進行の停止　162, 163
時効期間の満了の延期　163
時効障害　162
時効障害事由　159
CCP　153
事情変更の原則　91
事前求償権の廃止　183
執行手続きの申立　163
自働債権　130
　──の消滅時効　145
重過失　170
修補請求　203
主観的時効起算点　159, 160
手段債務　212
受働債権　131
受領遅滞　95
準委任　211
商事消滅時効　160
承諾　34
譲渡禁止特約　168

225

情報提供義務・説明義務　39
将来債権　167
人格的利益　160
成果完成型　214
制限説　135
正当な理由に基づく善意　125
セントラル・カウンター・パーティー　151, 153
相殺　129
相殺権の濫用　144
相殺適状　130
相殺と差押え　134, 137
相殺予約　137
相対的無効　169

[た 行]

代金減額請求　202, 203
第三者対抗要件　168
第三者による相殺　147
第三者による弁済　119
代償請求権　103
代物請求　203
短期消滅時効　158, 160
断定的判断の提供・困惑　28
追完権　100
追完請求　202
追完請求権　99
通知義務　205
停止条件付相殺予約　138
適時執行義務　183
デフォルト・ルール　193
典型契約　192, 193, 194, 195, 196
登記事項証明書　172
倒産開始決定　170
動産・債権譲渡特例法　172
同時履行の抗弁権　97
到達主義　34
特定の継続的取引　140
特定物ドグマ　199
取消　87
取引の安全　174

[な 行]

任意規定　191, 193
任意代位　120
ネッティング　151
根保証　186

[は 行]

売買　197
発信主義　34
ファイナンス・リース　220
不安の抗弁権　97
不完全履行　99
複数の契約の解除　72
不実表示　25
不当条項　48
並存的債務引受　175
弁済　116
　——による代位　120
法定責任説　198
法定代位　120
法定利息　56
保証引受契約　177
保証連帯の原則　182
保全手続きの申立　163

[ま 行]

無効　82
無制限説　135
免責的債務引受　175
申込み　34

[や 行]

約款　42
預金者保護法　127

[ら 行]

履行拒絶権　164
履行不能　102
履行留保権　165
履行割合型　214
連帯保証　185

索引

ローマ法　212, 216

現行民法索引

第1条第3項　144
第90条　23
第95条　25
第121条　87
第122条　87
第123条　88
第124条第2項　88
第126条　89
第136条第2項本文　131
第136条第2項ただし書　131
第144条　158
第413条　95
第414条　90
第415条　61
第416条　61
第423条　108
第424条　110
第446条第1項　177
第446条第2項　179
第452条　180
第455条　183
第456条　182
第458条　185
第460条　183
第465条の2　186
第465条の3　187
第466条第2項　168
第467条第1項　171
第467条第2項　171
第474条第1項　147
第474条第1項本文　119
第474条第2項　119, 147
第478条　124

第480条　124, 125
第483条　117, 198
第499条　119
第500条　119
第501条　122
第505条第1項　130
第506条第2項　133
第508条　145
第511条　134
第524条　35
第526条　34
第528条　36
第533条　97
第534条　78
第535条　78
第536条第1項　78
第536条第2項　79
第540条　72
第544条　72
第547条　75
第548条　75
第565条　208
第566条　198
第570条　198
第587条　195
第614条　191
第632条　212
第643条　211, 212
第648条第1項　212, 213
第651条第1項　216
第656条　211
第703条　85
第704条　85

基本方針索引

【1.5.02】〈1〉　23
【1.5.13】　25
【1.5.15】〈1〉〈2〉　26
【1.5.18】　44

227

索　引

【1.5.18】	〈1〉 29		【3.1.1.36】	53
【1.5.19】	44		【3.1.1.48】	〈1〉〈2〉〈3〉 56
【1.5.19】	〈1〉 30		【3.1.1.53】	90
【1.5.20】	34		【3.1.1.54】	97
【1.5.47】	82		【3.1.1.55】	97
【1.5.48】	83		【3.1.1.56】	102, 204
【1.5.49】	83		【3.1.1.57】	99, 203
【1.5.50】	84		【3.1.1.58】	100
【1.5.51】	84		【3.1.1.59】	102
【1.5.52】	86		【3.1.1.60】	90
【1.5.53】	87		【3.1.1.62】	58
【1.5.54】	〈1〉 87		【3.1.1.63】	57
【1.5.55】	87		【3.1.1.65】	〈1〉 64
【1.5.56】	88		【3.1.1.67】	61
【1.5.57】	88		【3.1.1.73】	62
【1.5.58】	88		【3.1.1.77】	〈1〉 65
【1.5.59】	89		【3.1.1.77】	〈2〉 66
【1.5.64】	〈2〉ただし書 131		【3.1.1.77】	〈3〉 69
【1.7.0.1】	159		【3.1.1.78】	〈1〉〈2〉 70
【1.7.13】	159		【3.1.1.79】	72
【3.1.1.05】	198		【3.1.1.80】	72
【3.1.1.07】	〈1〉 32		【3.1.1.81】	72
【3.1.1.07】	〈2〉 33		【3.1.1.82】	73
【3.1.1.08】	38, 200		【3.1.1.83】	75
【3.1.1.09】	39		【3.1.1.84】	76
【3.1.1.10】	39		【3.1.1.85】	78
【3.1.1.10】	〈1〉 41		【3.1.1.86】	79
【3.1.1.11】	40		【3.1.1.87】	95
【3.1.1.16】	〈1〉〈2〉〈3〉〈4〉 35		【3.1.1.88】	96
【3.1.1.17】	〈1〉 35		【3.1.1.89】	96
【3.1.1.17】	〈2〉 36		【3.1.1.91】	91
【3.1.1.18】	36, 37		【3.1.1.92】	91
【3.1.1.22】	〈1〉 34		【3.1.2.01】	108
【3.1.1.24】	〈1〉ただし書 36		【3.1.2.05】	〈3〉 110
【3.1.1.24】	〈2〉 37		【3.1.2.08】	111
【3.1.1.25】	〈1〉〈2〉 44		【3.1.2.09】	111
【3.1.1.26】	45		【3.1.2.10】	112
【3.1.1.32】	〈1〉 48, 55		【3.1.2.11】	〈1〉 112
【3.1.1.32】	〈2〉 55		【3.1.2.12】	113
【3.1.1.33】	49		【3.1.2.13】	113
【3.1.1.34】	51		【3.1.2.17】	〈1〉 113
【3.1.1.35】	52		【3.1.2.17】	〈4〉 114

索　引

[3.1.2.18] ⟨1⟩　114
[3.1.2.19]　114
[3.1.3.01] ⟨1⟩　116
[3.1.3.02] ⟨1⟩ ⟨3⟩　120
[3.1.3.03]　123
[3.1.3.03] ⟨1⟩　124
[3.1.3.03] ⟨2⟩ ⟨3⟩ ⟨4⟩　125
[3.1.3.07]　117, 200
[3.1.3.13] ⟨1⟩　120
[3.1.3.13] ⟨2⟩ ⟨3⟩　121
[3.1.3.21]　130
[3.1.3.23]　148
[3.1.3.24]　148
[3.1.3.25] ⟨1⟩　133
[3.1.3.27] ⟨1⟩　145
[3.1.3.27] ⟨2⟩　146
[3.1.3.30] ⟨1⟩ ⟨2⟩　135
[3.1.3.30] ⟨4⟩　140
[3.1.3.31]　144
[3.1.3.37]　155
[3.1.3.44] ⟨2⟩ ⟨3⟩　160
[3.1.3.46]　161
[3.1.3.49]　161
[3.1.3.50]　53, 162
[3.1.3.51]　162
[3.1.3.55]　163
[3.1.3.56]　163
[3.1.3.62]　164
[3.1.3.68]　159, 164
[3.1.3.69]　165
[3.1.3.72]　166
[3.1.4.02] ⟨1⟩ ⟨2⟩　167
[3.1.4.03]　169
[3.1.4.04]　171
[3.1.4.05]　172, 173
[3.1.4.06]　173
[3.1.4.08]　174
[3.1.4.10]　175
[3.1.4.10] ⟨3⟩　178
[3.1.4.11]　175
[3.1.4.12]　175

[3.1.4.13]　175
[3.1.4.14]　176
[3.1.7.01] ⟨1⟩ ⟨2⟩ ⟨3⟩　177
[3.1.7.01] ⟨4⟩ ⟨5⟩　178
[3.1.7.02] ⟨1⟩ ⟨2⟩ ⟨3⟩　179
[3.1.7.05] ⟨1⟩ ⟨2⟩　180
[3.1.7.06]　183
[3.1.7.07] ⟨1⟩ ⟨2⟩ ⟨3⟩　181
[3.1.7.08] ⟨1⟩　182
[3.1.7.09]　183
[3.1.7.10]　183
[3.1.7.11]　183
[3.1.7.13] ⟨2⟩ ⟨5⟩　185
[3.1.7.13] ⟨3⟩　184
[3.1.7.13] ⟨8⟩　186
[3.1.7.14]　187
[3.1.7.15] ⟨1⟩ ⟨2⟩　187
[3.2.1.16] ⟨1⟩　201, 207
[3.2.1.16] ⟨2⟩　208
[3.2.1.17]　201
[3.2.1.18]　206
[3.2.6.01]　195
[3.2.6.10]　223
[3.2.7.01]　220
[3.2.8.02] ⟨1⟩　212
[3.2.8.02] ⟨2⟩　213
[3.2.8.03]　212
[3.2.8.04]　213
[3.2.8.05] ⟨1⟩ ⟨2⟩　214
[3.2.8.08] ⟨1⟩ ⟨2⟩　215
[3.2.8.09] ⟨1⟩ ⟨2⟩　216
[3.2.8.10] ⟨1⟩ ⟨2⟩　216
[3.2.8.11] ⟨1⟩　216
[3.2.8.11] ⟨2⟩　217
[3.2.9.01]　219
[3.2.10.19]　215
[3.2.11.17]　219
[3.2.11.17] ⟨2⟩　117
[3.2.12.A]　219
[3.3.02]　63

229

［著者紹介］

□編著

鳥飼 重和（とりかい しげかず）
中央大学法学部卒。税理士事務所勤務後、司法試験に合格。日本税理士会連合会顧問、鳥飼総合法律事務所代表弁護士。
専門分野：内部統制・株主総会・経営者の責任等経営を中心とした会社法、税務訴訟を中心とした税法
主な著書：「平成22年株主総会徹底対策」（共著）商事法務、「平成22年版 取締役・監査役必携 株主総会の財務会計に関する想定問答」（共著）清文社、「新公益法人制度における公益認定と役員の責任」（編著）商事法務、「豊潤なる企業」清文社、「考運の法則」同友館

中村 隆夫（なかむら たかお）
東京大学法学部卒。米国UCLA経営大学院修了（MBA）。日本銀行勤務、株式会社デジタルガレージ代表取締役副社長、株式会社インフォシーク初代社長などを経て、東京大学法科大学院を修了し新司法試験合格。鳥飼総合法律事務所所属弁護士。
専門分野：税務争訟のほか、ベンチャー、コンプライアンス、危機管理、株主総会運営、事業整理・再生などを中心とした企業法務全般
主な著書：「デジタルキャッシュ」（共著）ダイヤモンド社

□著者

渡辺 拓（わたなべ ひろむ）
東京大学医学部卒。早稲田大学大学院法務研究科修了。鳥飼総合法律事務所所属弁護士。
専門分野：税務訴訟、会社法
主な著書：「事例詳解 税務訴訟」（共著）清文社

野村 彩（のむら あや）
慶應義塾大学法学部政治学科卒。立教大学大学院法務研究科修了。鳥飼総合法律事務所所属弁護士。
専門分野：会社法、企業法務、一般民事・刑事事件
主な著書：「新公益法人制度における公益認定と役員の責任」（共著）商事法務

松村 満美子（まつむら まみこ）
　青山学院大学国際政経学部卒。早稲田大学大学院法学研究科修了。鳥飼総合法律事務所所属弁護士。
　専門分野：企業法務、一般民事、刑事事件

竹内 亮（たけうち りょう）
　東京大学文学部言語文化学科卒。朝日新聞社勤務を経て、東京大学法科大学院修了。鳥飼総合法律事務所所属弁護士。
　専門分野：①訴訟（一般事件、行政事件、税務事件）、②遺言・相続案件、③中小企業を中心とした企業法務、④児童福祉・虐待に関する法律問題
　主な著書：「新公益法人制度における公益認定と役員の責任」（共著）商事法務

藤池 尚恵（ふじいけ なおえ）
　一橋大学法学部卒。学習院大学法科大学院修了。鳥飼総合法律事務所所属弁護士。
　専門分野：企業法務、一般民事
　主な著書：「新公益法人制度における公益認定と役員の責任」（共著）商事法務

宇賀村 彰彦（うがむら あきひこ）
　青山学院大学国際政治経済学部卒。公認会計士。大手監査法人勤務を経て上智大学法科大学院修了。鳥飼総合法律事務所所属弁護士。
　専門分野：企業法務、税務訴訟等

本田 聡（ほんだ さとし）
　東京大学法学部卒。早稲田大学大学院法務研究科修了。鳥飼総合法律事務所所属弁護士。
　専門分野：税務訴訟、企業法務、一般民事事件、刑事事件

鄭 一志（てい かずし）
　早稲田大学法学部卒。早稲田大学大学院法務研究科修了。鳥飼総合法律事務所所属弁護士。
　専門分野：会社法務全般、税務訴訟、その他一般民事事件

山本 俊（やまもと しゅん）
　岡山大学法学部卒。山梨学院大学法科大学院修了。鳥飼総合法律事務所所属弁護士。
　専門分野：公益法人等の法人法務、その他企業法務、一般民事

[鳥飼総合法律事務所]
所在地等：〒101-0052 東京都千代田区神田小川町1丁目3番1号
　　　　　NBF小川町ビルディング（総合受付6階）
　　　　　TEL：03-3293-8817（代）　FAX：03-3293-8818
　　　　　URL：http://www.torikai.gr.jp/
　　　　　E-mail：torikai-santa@torikai.gr.jp
　　　　　ブログ「鳥飼日記」：http://torikainikki.cocolog-nifty.com/
概　　要：企業法務と税務分野を専門とする法律事務所。
　　　　　企業法務関連では、事業再編、株主総会指導、企業防衛、内部統制、コンプライアンス指導、法務コンサルタント、各種訴訟等において、税務分野では税務訴訟、不服申立て、タックスプランニング、調査段階におけるアドバイス等において多くの実績がある。現在、弁護士34名と税務訴訟関連に特化した専門税理士3名が所属している。

経営者・経営幹部・法務担当者のための 新債権法読本

2010年7月30日　初版発行
2010年9月9日　第2刷発行

編著者　鳥飼 重和／中村 隆夫 ©

発行者　小泉 定裕

発行所　株式会社 清文社
　　　　東京都千代田区内神田1-6-6（MIFビル）
　　　　〒101-0047　電話 03(6273)7946　FAX 03(3518)0299
　　　　大阪市北区天神橋2丁目北2-6（大和南森町ビル）
　　　　〒530-0041　電話 06(6135)4050　FAX 06(6135)4059
　　　　URL http://www.skattsei.co.jp/

印刷：美研プリンティング㈱

■著作権法により無断複写複製は禁止されています。落丁本・乱丁本はお取り替えします。
■本書の内容に関するお問い合わせは編集部までFAX（03-3518-8864）でお願いします。

ISBN 978-4-433-55030-1